(宋)蘇軾 撰

明成化本東坡七集

第一二册

國家圖書館出版社

第二册目録

東坡後集二十卷（卷第八—十一）

東坡後集卷第八

詩

天壤之間水居其多人之往來如鷄在河順水而行
雲駛鳥疾維水之利千里咫尺亂流而涉過膝則止
維水之害咫尺千里沔彼濫觴蛙跳儵游溢而懷山
神禹所憂豈無一木支此大壞舞于盤渦氷折雷解
坐使此邦畫爲兩州鷄犬相聞胡越莫救允毅何公
甚勇于仁始作石梁其艱其勤將作復止更此百難
公心如鐵非石則堅公以身先民以悅使老壯負石
如負其子疏爲玉虹隱爲金堤直欄橫檻百賈所栖
我來與公同載而出讙呼填道抱其馬足我歎而言
視此滔滔未見剛者孰爲此橋願公千歲與橋壽考

持節復來以慰父老如朱仲卿食于桐鄉我作銘詩子孫不忘

賦

黠鼠賦一首

蘇子夜坐有鼠方齧拊床而止之既止復作使童子燭之有橐中空嘐嘐聱聱聲在橐中曰嘻此鼠之見閉而不得去者也發而視之寂無所有舉燭而索中有死鼠童子驚曰是方齧也而遽死耶向為何聲豈其鬼耶覆而出之墮地乃走雖有敏者莫措其手蘇子歎曰異哉是鼠之黠也閉于橐中橐堅而不可穴

也故不囓而囓以聲致人不死而死以形求脫也吾聞有生莫智於人擾龍伐蛟登龜狩麟役萬物而君之卒見使於一鼠墮此蟲之計中驚脫兔於處女烏在其為智也坐而假寐私念其故若有告余者曰汝惟多學而識之望道而未見也不一于汝而二于物故一鼠之囓而為之變也人能碎千金之璧不能無失聲於破釜能搏猛虎不能無變色於蜂蠆此不一之患也言出於汝而忘之耶余俛而笑仰而覺使童子執筆記余之作

秋陽賦一首

越王之孫有賢公子宅於不土之里而詠無言之詩以告東坡居士曰吾心皎然如秋陽之明吾氣肅然如秋陽之清吾好善而欲成之如秋陽之堅百穀吾惡惡而欲刑之如秋陽之隕群木夫是以樂而賦之子以爲何如居士笑曰公子何自知秋陽哉生於華屋之下而長遊於朝廷之上出擁大蓋入侍幃幄暑至於溫寒至於涼而已矣何自知秋陽哉若予者乃真知之方夏潦之淫也雲烝雨泄雷電發越江湖爲一后土冒没舟行城郭魚龍入室菌衣生於用器蛙蚓行於几席夜違濕而五遷晝燎衣而三易是猶未

足病也耕於三吴有田一廛禾已實而生耳稻方秀而涅蟠溝塍交通牆壁頹穿面垢落塈之塗目泫濕薪之煙釜甑其空四鄰悄然鸛鸛鳴於户庭婦窅與而永歎計無食其幾何矧有衣於窮年忽釜星之雜出又燈花之雙懸清風西來鼓鐘其鏜奴婢喜而告予此雨止之祥也蚕作而占之則長庚澹其不芒矣浴於盻谷升於扶桑曾未轉盻而倒景飛於屋梁矣方是時也如醉而醒如瘖而鳴如痿而起行如還故鄉初見父兄公子亦有此樂乎公子曰善哉吾雖不身履而可以意知也居士曰日行於天南北異宜赫

然而炎非其虐穆然而溫非其慈且今之溫者昔之炎者也云何以夏爲盾而以冬爲衰乎吾儕小人輕慍易喜彼冬夏之畏愛乃羣狙之三四自今知之可以無惑居不墐户出不仰笠暑不言病以無忘秋陽之德公子拊掌一笑而作

洞庭春色賦一首并引

安定郡王以黄柑釀酒名之曰洞庭春色其猶子德麟得之以餉予戲作賦曰

吾聞橘中之樂不減商山豈霜餘之不食而四老人者游戲於其間悟此世之泡幻藏千里於一斑舉棗

葉之有餘納芥子其何艱宜賢王之達觀寄逸想於
人寰嫋嫋兮秋風泛天宇兮清閑吹洞庭之白浪漲
北渚之蒼灣携佳人而往游勒霧鬢與風鬟命黃頭
之千奴卷震澤而與俱還糅以二米之禾藉以三脊
之菅忽雲烝而冰解旋珠零而涕潸翠勺銀罌紫絡
青綸隨屬車之鴟夷款木門之銅鐶分帝觴之餘瀝
幸公子之破慳我洗盞而起嘗散腰足之痹頑盡三
江於一吸吞魚龍之神姦醉夢紛紜始如髦蠻鼓巴
山之桂楫扣林屋之瓊關卧松風之瑟縮揭春溜之
淙潺追范蠡於渺茫吊夫差之惸鰥屬此觴於西子

洗亡國之愁顔驚羅襪之塵飛失舞袖之弓彎覺而賦之以授公子曰烏乎噫嘻吾言夸矣公子其爲我删之

中山松醪賦一首

始予宵濟於衡漳車徒涉而夜號燧松明而識淺散星宿於亭皐鬱風中之香霧若訴予以不遭豈千歲之妙質而死斤斧於鴻毛效區區之寸明曾何異於束蒿爛文章之糾纆驚節解而流膏嗟構厦其已遠尚藥石而可曹收薄用於桑榆製中山之松醪救爾灰燼之中免爾熒爝之勞取通明於盤錯出肪澤於

烹熬與黍麥而皆熟沸春聲之嘈嘈味甘餘而小苦歎幽姿之獨高知甘酸之易壞笑涼州之蒲萄似玉池之生肥非內府之烝羔酌以癭藤之紋樽薦以石蟹之霜螯曾日飲之幾何覺天刑之可逃投拄杖而起行罷兒童之抑騷望西山之咫尺欲褰裳以遊遨跨超峯之奔鹿接挂壁之飛猱遂從此而入海渺飜天之雲濤使夫嵇阮之倫與八仙之羣豪或騎麟而翳鳳爭榼挈而瓢操顛倒白綸巾淋漓宮錦袍追東坡而不可及歸餔歠其醨糟漱松風於齒牙猶足以賦遠遊而續離騷也

沉香山子賦一首 子由生日作

古者以芸爲香以蘭爲芬以鬱鬯爲祼以脂蕭爲焚
以椒爲塗以蕙爲薰杜衡帶屈菖蒲薦文麝多忌而
本羶蘇合若薌而實葷嗟吾知之幾何爲六入之所
分方根塵之起滅常顛倒其天君每求似於髣髴或
皐勞而妄聞獨沉水爲近正可以配詹匐而並云矧
儋崖之異産實超然而不羣既金堅而玉潤亦鶴骨
而龍筋惟膏液之内足故把握而兼斤顧占城之枯
朽宜爨釜而燎蚊宛彼小山巉然可欣如太華之倚
天象小孤之插雲往壽子之生朝以寫我之老懃子

方面壁以終日豈亦歸田而自耘幸置此於几席養
幽芳於帨帉無一往之發烈有無窮之氤氳蓋非獨
以飲東坡之壽亦所以食黎人之芹也

酒子賦一首 并引

南方釀酒未大熟取其膏液謂之酒子率得十一既
熟則反之醅中而潮人王介石泉人許珏乃以是餉
予寍其醅之漓以蘄予一醉此意豈可忘哉乃為賦
之

米為母麴其父烝羔豚出髓乳憐二子自節口餉滑
甘輔衰朽先生醉二子舞歸瀹其糟飲其友先生既

醉而醒醒而歌之曰吾觀釋酒之初泣兮若嬰兒之未孩及其溢流而走空兮又若時女之方笄割玉脾於蠭室兮氄雛鵞之毰毸味盎盎其春融兮氣凜冽而秋淒自我皤腹之瓜罌兮入我凹中之荷盃瞰朝霞於霜谷兮濛夜稻於露畦吾飲少而輒醉兮與百榼其均齊游物初而神凝兮反實際而形開顧無以酢二子之勤兮出妙語為瓊瑰歸懷璧且握珠兮挾所有以傲厥妻遂諷誦以忘食兮般空腸之轉雷

濁醪有妙理賦一首神聖功用無捷於酒

酒勿嫌濁人當取醇失憂心於昨夢信妙理之疑神

渾盎盎以無聲始從味入杳冥冥其似道徑得天真
伊人之生以酒為命常因既醉之適方識此心之正
稻米無知豈解窮理麴蘖有毒安能發性乃知神物
之自然蓋與天工而相並得時行道我則師齊相之
飲醇遠害全身我則學徐公之中聖湛若秋露穆如
春風疑宿雲之解駮漏朝日之暾紅初體粟之失去
旋眼花之掃空酷愛孟生知其中之有趣猶嫌白老
不頌德而言功兀爾坐忘浩然天縱如如不動而體
無礙了了常知而心不用坐中客滿惟憂百榼之空
身後名輕但覺一盃之重今夫明月之珠不可以襦

夜光之壁不可以鋪芻豢飽我而不我覺布帛燠我而不我娛惟此君獨游萬物之表蓋天下不可一日而無在醉常醒孰是狂人之藥得意忘味始知至道之腴又何必一石亦醉罔間州閭五斗解酲不問妻妾結襪廷中觀廷尉之度量脫韡殿上夸謫仙之敏捷陽醉逿地常陋王式之褊鳴歌仰天每譏楊惲之狹我欲眠而君且去有客何嫌人皆勸而我不聞其誰敢接殊不知人之齊聖匪昏之如古者晤語必旅之於獨醒者汨羅之道也屢舞者高陽之徒歟惡蔣濟而射木人又何狷淺殺王敦而取金印亦自狂疎

故我内全其天外寓於酒濁者以飲吾僕清者以酌吾友吾方耕於渺莽之野而汲於清泠之淵以釀此醪然後舉窪樽而屬無口

天慶觀乳泉賦

陰陽之相化天一爲水六者其壯而一其穉也夫物老死於坤而萌芽於復故水者物之終始也意水之在人也如山川之蓄雲草木之含滋漠然無形而爲往來之氣也爲氣者水之生而有形者其死也死者鹹而生者甘甘者能往能來而鹹者一出而不復返此陰陽之理也吾何以知之蓋嘗求之於身而得其

說凡水之在人者為汗為涕為洟為血為溲為淚為涎為沫此數者皆水之去人而外鶩然後肇形於有物皆鹹而不能返故鹹者九而甘者一一者何也唯華池之真液下涌于舌底而上流於牙頰甘而不壞白而不濁宜古之仙者以是為金丹之祖長生不死之藥也今夫水之在天地之間者下則為江湖井泉上則為雨露霜雪皆同一味之甘是以變化往來有逝而無竭故海洲之泉必甘而海雲之雨不鹹者如涇渭之不相亂河濟之不相涉也若夫四海之水與凡出鹽之泉皆天地之死氣也故能殺而不能生能

槁而不能淡也豈不然哉吾謫居儋耳卜築城南鄰於司命之宮百井皆鹹而醪醴湩乳獨發於宮中給吾飲食酒茗之用蓋沛然而無窮吾嘗中夜而起挈缾而東有落月之相隨無一人而我同汲者未動夜氣方歸鏘瓊佩之落谷灩玉池之生肥吾三嚥而遄返懼守神之訶譏却五味以謝六塵悟一真而失百非信飛仙之有藥中無主而何依渺松喬之安在猶想像於庶幾

琴操

醉翁操一首 并引

琅耶幽谷山水奇麗泉鳴空澗若中音會醉翁喜之
把酒臨聽輙欣然忘歸既去十餘年而好奇之士沈
遵聞之往遊以琴寫其聲曰醉翁操節奏踈宕而音
指華暢知琴者以為絕倫然有其聲而無其辭翁雖
為作歌而與琴聲不合又依楚詞作醉翁引好事者
亦倚其詞以製曲雖粗合均度而琴聲為詞所絕約
非天成也後三十餘年翁既捐館舍而遵亦沒久矣
有廬山玉澗道人崔閑特妙於琴恨此曲之無詞乃
譜其聲而請於東坡居士以補之云
琅然清圜誰彈響空山無言惟翁醉中知其天月明

風露娟娟人未眠荷蕢過山前曰有心也哉此賢聲泛同此醉翁嘯詠聲和流泉醉翁去後空有朝吟夜怨山有時而童巔水有時而回川思翁無歲年翁今為飛仙此意在人間試聽徽外三兩絃

辭

王大年哀辭

嘉祐末予從事岐下而太原王君諱彭字大年監府諸軍居相隣日相從也時太守陳公弼馭下嚴甚威震旁郡僚吏不敢仰視君獨偘偘自若未甞降色詞公弼亦敬焉予始異之問於知君者皆曰此故武寧

軍節度使諱全彬之曾孫而武勝軍節度觀察留後
諱凱之子也少時從父討賊甘陵搏戰城下所部斬
七十餘級手射殺二人而奏功不賞或勸君自言君
笑曰吾為君父戰豈為賞哉予聞而賢之始與論交
君博學精練書無所不通尤喜予文每為出一篇輙
拊掌歡然終日予始未知佛法君為言大略皆推見
至隱以自證耳使人不疑予之喜佛書蓋自君發之
其後君為將日有聞乞自試於邊而韓魏公文潞公
皆以為可用　先帝方欲盡其才而君以病卒其子
讜以文學議論有聞於世亦從予游予既悲君之不

遇而喜其有子於其葬也作相挽之詩以餞之其詞曰

君之為將允武且仁甚似其父而輔以文君之為士涵詠書詩議論慨然其子似之奔走四方豪傑是友沒而無聞朋友之咎驥墮地走虎生而斑視其父子以考我言

鍾子翼哀辭 并引

軾年始十二先君宫師歸自江南曰吾南游至虔有隱君子鍾君與其弟槩從吾游同登馬祖巖入天竺寺觀樂天墨迹吾不飲酒君嘗置醴焉方是時先君

未為時所知旅游萬里舍者常爭席而君獨知敬異之其後五十有五年軾自海南還過贛上訪先君遺迹而故老皆無在者君之沒蓋三十有一年矣見其子志仁志行志遠相持而泣念無以致其哀者乃追作此詞君諱棐字子翼博學篤行為江南之秀歐陽永叔尹師魯余安道曾子固皆知之然卒不遇以沒儂智高叛嶺南聲搖江西虔守曹觀欲籍民財為戰守備謀之於君君曰智高必不能過嶺無事而籍民民懼且走觀曰如緩急何君曰同舟遇風胡越可使為左右手況吾民乎不幸而至於急則官與民為一

家夫孰非吾財者何以籍爲觀悟而止虔人以安其

詞曰

崆峒摩天章貢激石致兩確高深相臨悍堅相排洶嶽嶽是故其民勇而尚氣巧譬斲而其君子抗志礪節敏於學矯矯鍾君泳于德淵自澡濯貧不怨天困不求人老愈慭嘉言一發排難解紛已殘剝吾先君子南游萬里道阻邈如金未鎔木未繩墨玉未琢君於衆中一見定交陳禮樂曰子不飲我醪甚甘醲此濁覽觀江山扣歷泉石步㦸确先君北歸君老于虔望南朔我來易世池臺既平墓木握三子有立移書

問道過我數我亦白首感傷薰心隕涕渥是身虛空
俯仰變滅過電雹何以寓哀追頌德人詔後覺

頌

桂酒頌

禮曰喪有疾飲酒食肉必有草木之滋焉薑桂之謂
也古者非喪食不徹薑桂楚辭曰奠桂酒兮椒漿是
桂可以為酒也本草桂有小毒而菌桂牡桂皆無毒
大略皆主溫中利肝肺氣殺三蟲輕身堅骨養神發
色使常如童子療心腹冷疾為百藥先無所畏陶隱
居云仙經服三桂以葱涕合雲母烝為水而孫思邈

亦云久服可行水上此輕身之效也吾謫居海上法當數飲酒以禦瘴而嶺南無酒禁有隱者以桂酒方授吾釀成而玉色香味超然非人間物也東坡先生曰酒天禄也其成壞美惡世以兆主人之吉凶吾得此豈非天哉故為之頌以遺後之有道而居夷者其法蓋刻石置之羅浮鐵橋之下非忘世求道者莫至焉其詞曰

中原百國東南傾流膏輸液歸南溟祝融司方發其英沐日浴月百寶生水娠黄金山空青丹砂晨曒珠夜明百卉甘辛角芳馨旃檀沈水乃公卿大夫芝蘭

士薰蘅桂君獨立冬鮮榮無所懾畏時靡爭醲為我醪淳而清甘終不壞醉不醒輔安五神伐三彭肌膚渥丹身毛輕泠然風飛罔水行誰其傳者疑方平教我常作醉中醒

銘

四達齋銘 并引

高郵使君趙晦之作齋東園戶牖四達因以名之眉山蘇軾過而為之銘曰

有藏于中必謀于外惟慢與謹皆盜之誨孰如此間空洞無物戶牖闔開廓焉四達擊去盜易使無盜難

我無可攘以守則完趙侯無心得法赤谿四出其齋以達民迷

擇勝亭銘

維古頴城因頴爲隍倚舟于門美哉洋洋如淮之甘如漢之蒼如洛之温如浚之涼可侑我客可流我觴我欲即之爲館爲堂近水而構夏潦所襄遠水而築邈焉相望乃作斯亭筵楹欒梁鑿枘交設合散靡常赤油仰承青幄四張我所欲往一夫可將與水升降除地布牀可使杜蕢洗觶而揚可使莊周觀魚而忘可使逸少祓禊而祥可使太白淶月而狂既薺我茶

亦醪我漿既濯我纓亦浣我裳豈獨臨水無適不臧春朝花郊秋夕月場無脛而趨無翼而翔敝又改為其費易償榜曰擇勝名實允當維古至人不留一方虛白為室無何為鄉神馬尻輿孰為輪箱流行坎止雖觸不傷居之無盜中靡所藏去之無戀如所宿桑豈如世人生短慮長尺宅不治寸田是荒錫瓦銅雀石門阿房俯仰變滅與生俱亡我銘斯亭以砭世盲

德威堂銘

元祐之初詔起太師潞公於洛命以重事公惟　仁宗　英宗　神考三聖眷倚之重不敢以既老為辭

杖而造朝期年乃求去詔曰昔西伯善養老而太公
自至魯穆公無人子思之側則長者去之公自為謀
則善矣獨不為朝廷惜乎又曰唐太宗以干戈之事
尚能起李靖於既老而穆宗文宗以燕安之際不能
用裴度於未病治亂之效於斯可見公讀詔聳然不
敢言去蓋復留四年天下無事朝廷尊安乃力請而
歸公之在朝也契丹使耶律永昌劉霄來聘軾奉詔
館客與使者入覲望見公殿門外却立改容曰此潞
公也耶所謂以德服人者問其年曰何壯也軾曰使
者見其容未聞其語其綜理庶務酬酢事物雖精練

少年有不如貫穿古今洽聞強記雖專門名家有不逮使者拱手曰天下異人也公既歸洛西羌首領有溫谿心者請於邊吏願獻良馬於公邊吏以聞詔聽之公心服天下至于四夷書曰德威惟畏德明惟明世所以守伯夷之典用皐陶之法者以其德也若夫非德之威雖猛而人不畏非德之明雖察而人不服公修德於几席之上而其威折衝於萬里之外退居於家而人望之如在廊廟可不謂德威乎公之子及為河陽守公將往臨之吏民喜甚自洛至三城歡呼之聲相屬及作堂以待公而請銘於軾乃榜之曰德

威而銘之曰

德威惟畏德明惟明惟師潞公展也大成公在洛師嵩洛有光篤言三城河流不揚願公百年子孫千億家于兩河日見顏色西戎來朝秪慄公門豈惟兩河四方其訓之

洗玉池銘

世忽不踐以用為急秦漢以還龜玉道熄六器僅存五瑞莫輯趙璧婦玩魯璜盜竊鼠亂鄭璞鵲抵晉棘維伯時父吊古啜泣道逢玉人解驂推食歛瑑鋮柲錯落其室既獲拱寶遂空四壁哀此命世久就淪蟄

時節沐浴以幸斯石孰推是心施及王國如伯時父
琅然環玦援手之勞終睨莫拾得喪在我匪玉欣戚
仲和父銘之維以咏德

雪浪齋銘 并引

予於中山後圃得黑石白脉如蜀孫位孫知微所畫
石間奔流盡水之變又得白石曲陽為大盆以盛之
激水其上名其室曰雪浪齋云

盡水之變蜀兩孫與不傳者歸九原異哉駮石雪浪
翻石中乃有此理存玉井芙蓉丈八盆伏流飛空漱
其根東坡作銘豈多言四月辛酉紹聖元

漢鼎銘 并引

禹鑄九鼎用器也初不以為寶象物以飾之亦非所以使民遠不若也武王遷之洛邑蓋已見笑於伯夷叔齊矣方周之盛也鼎為宗廟之觀靡而已及其衰也為周之患有不可勝言者匹夫無罪懷璧其罪周之衰也與匹夫何異嗟夫孰知九鼎之為周之角齒也哉自春秋時楚莊王以問其輕重大小而戰國之際秦與齊楚皆欲之周人惴惴焉視三虎之垂涎而睨已也絕周之祀不足以致寇裂周之地不足以肥國然三國之君未甞一日而忘周者以寶在焉故也三

國爭之周人莫知所適與得鼎者未必能存周而不得者必碎之此九鼎之所以亡也周顯王之四十二年宋太丘社亡而鼎淪沒於泗水此周人毀鼎以緩禍而假之神妖以為之說也秦始皇漢武帝乃始萬方以出鼎此與兒童之見無異善夫吾丘壽王之說也曰汾陰之鼎漢鼎也非周鼎夫周有鼎漢亦有鼎此易所謂正位凝命者豈三趾兩耳之謂哉恨壽王小子方以諛進不能究其義予故作漢鼎銘以遺後世君子其詞曰

惟五帝三代及秦漢以來受命之君靡不有兹鼎鼎

存而昌鼎亡而亡蓋鼎必先壞而國隨之豈有易姓而猶傳者乎不寶此器而拳拳於一物孺子之智婦人之仁烏乎悲矣

惠州李氏潛珎閣銘

襲九淵之神龍汐淵潛以自珎雖無心於求世亦擇勝而栖神蔚鸑城之南麓擢仙李之芳根因石阜以庭宇跨飲江之鼇黿岌飛簷與鐵柱挿清江之奫淪眙古潭之百尺涵萬象於瑶琨耿月凫以終夜湛天容之方春信蒼蒼之非色極深遠而自然疑貝闕與珠宮有玉函之老人予南征其萬里友魚鰕與蛭螾

逝將去而反顧託江流以投文悼此江之獨西歎妙意之不陳逮公子之東歸寓此懷於一樽雖神龍之或殺終不殺之為仁

九成臺銘一首

韶陽太守狄咸新作九成臺玉局散吏蘇軾為之銘曰自秦并天下滅禮樂韶之不作蓋千三百一十有三年其器存其人亡則韶既已隱矣而況於人器兩亡而不傳雖然韶則亡矣而有不亡者存蓋常與日月寒暑晦明風雨並行於天地之間世無南郭子綦則耳未嘗聞地籟也而況得聞其天使耳聞天籟則

凡有形有聲者皆吾羽旄干戚管磬匏絃嘗試與予登夫韶石之上舜峯之下望蒼梧之眇莽九疑之聯緜覽觀江山之吐吞草木之俯仰鳥獸之鳴號衆竅之呼吸往來唱和非有度數而均節自成者非韶之大全乎上方立極以安天下人和而氣應氣應而樂作則夫所謂簫韶九成來鳳鳥而舞百獸者既已粲然畢陳于前矣建中靖國元年正月一日

東坡後集卷第八

東坡後集卷第九

硯銘十一首

丹石硯銘一首　王仲儀硯銘一首

端石硯銘二首

黄魯直銅雀硯銘一首

陳公密子石硯銘一首

龍尾石月硯銘一首

邁硯銘一首　迨硯銘一首

卯硯銘一首　唐陸魯望硯銘一首

賛八首

書諸公送周梓州詩後一首

趙德麟字說一首

書晁無咎所作杜輿子師字說後一首

書東皐子傳後一首

書黃子思詩集後一首

外曾祖程公逸事一首

藥誦一首　　補龍山文二首

東坡酒經一首

書柳子厚牛賦後一首

剛說一首

硯銘十一首

丹石硯銘一首

唐林天遺予丹石硯粲然如芙蕖之出水發墨而宜筆盡硯之美唐氏譜天下硯而獨不知茲石之所出予蓋知之銘曰彤池紫淵出日所浴忞爲赤霓以貫暘谷是生斯珎非石非玉因材制用璧水環復耕于中洲蓺我玄粟投種則穫不炊而熟

王仲儀硯銘一首

汲鄭蚤聞頗牧晚用諫草風生羽檄雷動人亡器存質小任重施易何常明哲所共

端石硯銘二首并引

蘇堅伯固之子庠字養直少而好直贈以端硯且銘之曰我友三益取溪之石寒松爲煤孤竹爲筆蓬麻效紙仰泉致滴斬几信聲平鉤以全吾直

與墨爲入玉靈之食與水爲出陰鑑之液懿矣兹石君子之側匪以玩物維以觀德

黄魯直銅雀硯銘一首

漳濵之埴陶氏我厄受成不化以與眞隲人亡臺廢得反天宅遇發丘將復爲麟獲纍然黄子玄豈尚白天實命我使與其蹟、

陳公密子石硯銘一首

孰形無情古亦卯生黃胞白絡以孕黝賴己器不死可候雨晴天畀夫子瑞其家庭

龍尾石月硯銘一首

萋萋兮霧縠石宛宛兮黒白月其受水者哉生明而運墨者旁死魄忽玄雲之霮䨴觀玉兔之沐浴集幽光於毫端散妙迹於簡册照千古其如在耿此月之不沒

邁硯銘邁往德興黃以一硯以此銘之

以此進道常若渴以此求進常若驚以此治財常思

予以此書獄常思生

追硯銘

有盡石無已求生陰壑閟重湫得之艱豈輕授旌苦學畀長頭

夘硯銘一首

東坡硯龍尾石開鵠夘見蒼璧與居士同出入更嶮夷無燥濕今何者獨先逸從参寥老空寀

唐陸魯望硯銘一首

噫先生隱唐餘甘杞菊老樵漁是器寶實相予爲散人出叢書

贊八首

九馬圖贊一首 并引

長安薛君紹彭家藏曹將軍九馬圖杜子美所爲作詩者也拳毛師子二駿在焉作九馬贊

牧者萬歲繪者惟霸甫爲作誦偉哉九馬姚宋廟堂李郭治兵帝下毛龍以馭羣英我思開元今爲幾日筋骨應圖至三萬疋云何寐寥跬步山川負鹽挽磨湨濕九泉牝牡驪黄自以爲至駿其一毛棄我千里踍齧是乘脂蠟其鞭道阻且長喟其永歎

顧愷之畫黄初平牧羊圖贊一首

先生養生如牧羊放之無何有之鄉止者自止行者
行先生超然坐其旁挾策讀書羊不乞化而爲石起
復僵流涎磨牙笑靡狼先生上賓羊服箱䟀䟀稱兩工
行四方莫隨上林芒屩郎鼽門䑛地尋鹽湯

二踈圖贊一首

惟天爲健而不干時沈潛剛克以燮和之於赫漢高
以智力王凜然君臣師友道喪孝宣中興以法馭人
殺蓋韓楊蓋三良臣先生憐之振袂脫屣使知區區
不足驕士此意莫陳千載于今我觀畫圖涕下沾襟

延州來季子贊一首 并引

魯襄公十二年吴子壽夢卒延州來季子其少子也以讓國聞於諸侯則非童子矣至哀公十年冬楚子期伐陳季子救陳謂子期曰二君不務德而力爭諸侯民何罪焉我請退以為子名務德而安民乃還時去壽夢卒蓋七十七年矣而能千里將兵季子何其壽而康也然其卒不書於春秋哀公之元年吴王夫差敗越於夫椒句踐使大夫種因太宰嚭以行成於吴吴王許之子胥諫不聽則吴之亡形成矣季子觀樂於魯知列國之廢興於百年之前方其救陳也去吴之亡十三年耳而謂季子不知可乎闔廬之自立

也曰季子雖至不吾廢也是季子德信於吴人而言
行於其國也且帥師救陳不戰而去之以為敵國名
則季子之於吴蓋亦少專矣救陳之明年而子胥死
季子知國之必亡而終無一言於夫差知言之無益
也夫子胥以闔廬霸而夫差殺之如皂隸豈獨難於
季子乎烏乎悲夫吾是以知夫差之不道至於使季
子不敢言也蘇子曰延州來季子張子房皆不死者
也江左諸人好談子房季札之賢有以也夫此可與
知者論難與俗人言也作延州來季子贊曰
泰伯之德鍾於先生棄國如遺委蛇而行坐閲春秋

幾五之二古之真人有化無死

偃松屏賛 并引

予為中山守始食北嶽松膏為天下冠其木理堅密瘠而不瘁信植物之英烈也謫居羅浮山下地暖多松而不識霜雪如高才勝人生綺紈家與孤臣孽子有間矣士踐憂患安知非福幼子過從我南來畫寒松偃蓋為護首小屏為之賛曰

燕南趙北大茂之麓天僵雪峯地裂冰谷凜然孤清不能無生生此偉奇北方之精蒼皮玉骨磽磽䶩䶩方春不知沍寒秀發孺子介剛從我炎荒霜中之英

以洗我瘴

三馬圖賛一首 并引

元祐初　上方閉玉門關謝遣諸將太師文彦博宰相吕大防范純仁建遣諸生游師雄行邊敕武備師雄至熙河蕃官包順請以所部熟户除邊患師雄許之遂禽猾羌大首領鬼章青宜結以獻百官皆賀且遣使告永裕陵時西域貢馬首高八尺龍顱而鳳膺虎脊而豹章出東華門入天駟監振鬣長鳴萬馬皆瘖父老縱觀以為未始見也然上方恭默思道八駿在廷未甞一顧其後圉人起居不以時馬有斃者上

亦不問明年羌温溪心有良馬不敢進請於邊吏願以餽太師潞國公詔許之蔣之奇為熙河帥西蕃有貢駿馬汗血者有司以非入貢歲月留其使與馬於邊之奇為請乞不以時入事下禮部軾時為宗伯判其狀云朝廷方却走馬以糞正復汗血亦何所用事遂寢于時兵革不用海内小康馬則不遇矣而人少安軾嘗私請於承議郎李公麟畫當時三駿馬之狀而使鬼章青宜結效之藏於家紹聖四年三月十四日軾在惠州謫居無事閱相書畫追思一時之事而歎三馬之神駿乃為之贊曰

吁鬼章世悍驕奔貳師走嫖姚今在廷服虎貂效天驥立内朝八尺龍神超遥若將西燕昆瑶帝念民乃下招籥歸雲逝旁妖

李潭六馬圖贊一首

六馬異態以似為妍畫師何從得所以然相此㸑者舉脣見咽方其㸑時槁木萬錢絡以金玉非馬所便烏乎各適其適以全吾天乎

李伯時畫李端㭍真贊一首

須髪之拳然眉宇之淵然披胸腹之揿然以為可得而見歟則漠乎其無言以為不可得而見歟則已見

畫于龍眠矣嗚呼將爲既琢之玉以役其天乎其將爲不雨之雲以抱其全乎抑將游戲此世而時出於兩者之間也伯時號龍眠

雜文十五首

太息一首送秦少章

孔北海與曹公論盛孝章云孝章實丈夫之雄者也游談之士依以成聲令之少年喜謗前輩或譏評孝章孝章要爲有天下重名九牧之人所共稱歎吾讀至此未嘗不廢書太息也曰嗟乎英偉奇逸之士不容於世俗也久矣雖然自今觀之孔北海盛孝章猶

在世而向之譏評者與草木同腐久矣昔吾舉進士試於禮部歐陽文忠公見吾文曰此我輩人也吾當避之方是時士以剽裂為文聚而見訕且訕公者所在城市曾未數年忽焉若潦水之歸壑無復見一人者此豈復待後世哉今吾衰老廢學自視缺然而天下士不吾棄以為可以與於斯文者猶以文忠公之故也張文潛秦少游此兩人者士之超逸絕塵者也非獨吾云爾二三子亦自以為莫及也士駭於所未聞不能無異同故紛紛之言常及吾與二子吾策之審矣士如良金美玉市有定價豈可以愛憎口舌貴

賤之歟少游之弟少章復從吾游不及朞年而論議日新若將施於用者欲歸省其親且不忍去烏乎子行矣歸而求諸兄吾何加焉作太息一篇以餞其行使藏于家三年然後出之

書王奧所藏　太宗御書後一首

日行于天委照萬物之上光氣所及或流為慶雲結為丹砂初豈有意哉　太宗皇帝以武功定禍亂以文德致太平天縱之能溢于筆墨摛藻尺素之上弄翰團扇之中散流人間者幾何矣而三槐王氏得之為多子孫世守之遂為希代之寶文正之孫懿敏之

子輿出以示臣軾敬拜手稽首書其後

送錢唐僧思聰歸孤山敘一首

天以一生水地以六成之一六合而水可見雖有神禹不能知其孰為一孰為六也子思子曰自誠明謂之性自明誠謂之教誠則明矣明則誠矣誠明合而道可見雖有黃帝孔丘不能知其孰為誠孰為明也佛者曰戒生定定生惠惠獨不生定乎伶玄有言惠則通通則流是焉知真惠哉醉而狂醒而止惠之生定通之不流也審矣故夫有目而自行則褰裳疾走常得大通無目而隨人則車輪曳踵常仆坑穽惠之

生定速於定之生惠也錢唐僧思聰七歲善彈琴十二捨琴而學書書既工十年捨書而學詩詩有奇語遂讀華嚴經入法界海慧今年二十有九老師宿儒皆敬愛之秦少游取楞嚴觀世音語字之曰聞復使聰日進而不已自聞思修以至于道則華嚴法界海慧盡為蘧廬而況書詩與琴乎雖其苦之學道無自虛空入者輪扁斲輪傴僂承蜩苟有以之其巧智物無陋者聰若得道琴與書皆與有力詩其尤也聰能如水鏡以一含萬則書與詩當益奇吾將觀焉以為聰得道淺深之候

書諸公送周梓州詩後一首

予自元祐之初備位從官日與正孺游三年予既有江海之意而正孺亦慨然有歸歟之歎遂請梓州得之予時以詩送行有掃棠陰踵畫像之語旋出領杭州二年還朝老病日加方上章請郡曰正孺已及爪矣盍往代之遂歸老眉山乎或曰不可梓人之安正孺甚矣其去正孺如去父母子其忍奪之乃止不敢乞梓人願復借留正孺數年詔許之而大丞相呂公典領實録見熙寧中正孺為御史時所言事歎曰君子哉斯人也因言于上除正孺直祕閣士大夫以才

能論議取合一時可也使人於十年之後徐觀其所
為心服而無異議我亦無愧難矣正孺有書來欲刻
諸公送行詩于石求余為䟦尾乃記所聞以遺之且
使梓人知予前詩卒章之意未始一日忘也

趙德麟字説一首

宋有天下百餘年所與分天工治民事者皆取之踈
遠側微而不私其親故宗室之賢未有以勲名聞者
神宗皇帝實始慨然欲出其英材與天下共之增立
教養選舉之法所以封植而琢磨之者甚備行之二
十年而文武之器彬彬稍見焉元祐六年予自禁林

出守汝南始與越王之孫華原公之子簽書君令時
遊得其為人博學而文篤行而剛信於為道而敏於
為政予以為有杞梓之用瑚璉之貴將必顯聞於天
下非特佳公子而已昔漢武帝幸雍祠五時獲白麟
以薦上帝作白麟之歌而司馬遷班固書曰獲一角
獸蓋麟云蓋之為言疑之也夫獸而一角固麟矣二
子何疑焉豈求之武帝而未見所以致麟者歟漢有
一汲黯而武帝不能用乃以白麟赤鴈為祥二子非
疑之蓋陋之也今　先帝立法以出宗室之賢而主
上虛已盡下求人如不及四方之符瑞皆抑而不聞

此眞獲麟者也麟固不求獲不幸而有是德與是形此麟之所病也今君學道觀妙澹泊自守以富貴為浮雲而文章議論載其令名而馳之既有麟之病矣又可得逃乎敬字君德麟而為之説

書晁無咎所作杜輿子師字説後一首

易曰君子得輿民所載也小人剥廬終不可用也夫君子得輿下完而上未具也小人剥廬上壯而下撓也下完而上未具吾安寢其中民將載之上壯而下撓疾走不顧猶懼壓焉今君學修於身行修於家而禄未及既完其下矣故予以是名字之與無咎意初

無異者而其文約其義近不足以發夫人之志若無咎者可謂富於言而妙於理者也

書東皐子傳後一首

予飲酒終日不過五合天下之不能飲無在予下者然喜人飲酒見客舉盃徐引則予胷中為之浩浩焉落落焉酣適之味乃過於客閑居未嘗一日無客客至未嘗不置酒天下之好飲亦無在予上者常以謂人之至樂莫若身無病而心無憂我則無是二者矣然人之有是者接於予前則予安得全其樂乎故所至常蓄善藥有求者則與之而尤喜釀酒以飲客或

曰子無病而多蓄藥不飲而多釀酒勞己以為人何也予笑曰病者得藥吾為之體輕飲者困於酒吾為之酣適蓋專以自為也東皐子待詔門下省日給酒三升其弟靜問曰待詔樂乎曰待詔何所樂但美醞三升殊可戀耳今嶺南法不禁酒予既得自釀月用米一斛得酒六斗而南雄廣惠循梅五太守間復以酒遺予略計其所獲殆過於東皐子矣然東皐子自謂五斗先生則日給三升救口不暇安能及客乎若予者乃日有二升五合入野人道士腹中矣東皐子與仲長子光游好養性服食預刻死日自為墓誌予

蓋友其人於千載或庶幾焉

書黄子思詩集後一首

予嘗論書以謂鍾王之迹蕭散簡遠妙在筆畫之外至唐顔柳始集古今筆法而盡發之極書之變天下翕然以為宗師而鍾王之法益微至於詩亦然蘇李之天成曹劉之自得陶謝之超然蓋亦至矣而李太白杜子美以英瑋絶世之姿淩跨百代古今詩人盡廢然魏晉以來高風絶塵亦少衰矣李杜之後詩人繼作雖間有遠韻而才不逮意獨韋應物柳宗元發纖穠於簡古寄至味於澹泊非餘子所及也唐末司

空圖崎嶇兵亂之間而詩文高雅猶有承平之遺風
其論詩曰梅止於酸鹽止於鹹飲食不可無鹽梅而
其美常在鹹酸之外蓋自列其詩之有得於文字之
表者二十四韻恨當時不識其妙予三復其言而悲
之閩人黃子思慶曆皇祐間號能文者予甞聞前輩
誦其詩每得佳句妙語反復數四乃識其所謂信乎
表聖之言美在鹹酸之外可以一唱而三歎也予既
與其子幾道其孫師是游得窺其家集而子思篤行
高志為吏有異材見於墓誌詳矣予不復論獨評其
詩如此

外曾祖程公逸事一首

公諱仁霸眉山人以仁厚信於鄉里蜀平中朝士大夫憚遠宦官闕選土人有行義者攝公攝録參軍眉山尉有得盜蘆菔根者實竊而所持刃誤中主人尉幸賞以劫聞獄掾受賕掠成之太守將慮囚囚坐廡下泣涕衣盡濕公適過之知其寃咋謂盜曰汝寃盍自言吾為汝直之盜果稱寃移獄公既直其事而尉掾爭不已復移獄竟殺盜公坐詸因罷歸不及月尉掾皆暴卒後三十餘年公晝日見盜拜庭下曰尉掾未伏待公而決前此地府欲召公暫對我扣頭爭之

曰不可以我故驚公是以至今公壽盡今日我為公荷擔而往暫對即生人天子孫壽祿朱紫滿門矣公具以語家人沐浴衣冠就寢而卒軾幼時聞此語已而外祖父壽九十舅氏始貴顯壽八十五曾孫皆仕有聲同時為監司者三人玄孫宦學益盛而尉掾之子孫微矣或謂盜德公之深不忍煩公暫對可也而獄久不決豈主者亦因以苦尉掾也歟紹聖二年三月九日軾在惠州讀陶潛所作外祖孟嘉傳云凱風寒泉之思實鍾厥心意悽然悲之乃記公之逸事以遺程氏庶幾淵明之心也

藥誦一首

嵇中散作幽憤詩知不免矣而卒章乃曰采薇山阿散髮巖岫永嘯長吟頤性養壽者悼此志之不遂也司馬景王既殺中散而悔使悔於未殺之前中散得免於死者吾知其掃迹滅景於人間如脫兎之投林也采薇散髮豈其所難哉孫眞人著大風惡疾論曰神仙傳有數十人皆因惡疾而得仙道何者割棄塵累懷頴陽之風所以因既而取福也吾始得罪遷嶺表不自意全既逾年無後命知不死矣然舊苦痔至是大作呻呼幾百日地無醫藥有亦不效道士教吾

去滋味絕薰血以清淨勝之痔有蟲館於吾後滋味
薰血既以自養亦以養蟲自今日以往旦夕食淡麪
四兩猶復念食則以胡麻伏苓麨足之飲食之外不
啖一物主人枯槁則客自棄去尚恐習性易流故取
中散真人之言對病爲藥使人誦之曰三曰東坡居
士汝忘逾年之憂百日之苦乎使汝不幸而有中散
之旤伯牛之疾雖欲采薇散髮豈可得哉今食麻麥
伏苓多矣居士則歌以答之曰事無事之事百事治
兮味無味之味五味備兮伏苓麻麥有時而匱兮有
則食無則已者與我無既兮烏乎噫嘻館客不終以

是為愧兮

補龍山文二首并引

丙子重九客有言桓温龍山之會風吹孟嘉帽落温遣孫盛嘲之嘉作解嘲文辭超卓四坐歎伏恨今世不見此文予乃戲為補之曰

征西大府重九令節駕言龍山燕凱羣哲壺歌雅奏緩帶輕帢胡為中觴一笑粲發㮍楠競秀榆柳獨脱驥騄交騖駑蹇先蹶楚狂醉亂隕帽莫覺戎服囚首枯顱茁髮維明將軍度量閎達容此下士顛倒冠韈宰夫揚觶兕觥舉罰請歌相鼠以侑此爵

吾聞君子蹈常履素晦明風雨不改其度平生丘壑散髮箕踞墜重天全顛沛何懼腰適忘帶足適忘屨不知有我帽復奚數流水莫繫浮雲暫寓飄然隨風非去非取我冠明月被服寶璐不纓而結不簪而附歌詩盜擇請歌相鼠罰此陋人俾出童羖

東坡酒經一首

南方之氓以糯與秔雜以卉藥而為餅嗅之香嚼之辣揣之枵然而輕此餅之良者也吾始取麪而起肥之和之以薑液烝之使十裂繩穿而風戾之愈久而益悍此麴之精者也米五斗以為率而五分之為三

斗者一為五升者四三斗者以釀五升者以投三投而止尚有五升之羸也始釀以四兩之餅而每投以二兩之麴皆澤以少水取足以散解而匀停也釀者必甕按而井泓之三日而井溢此吾酒之萌也酒之始萌也甚烈而微苦蓋三投而後平也凡餅烈而麴和投者必屢嘗而增損之以舌為權衡也既溢之三日乃投九日三投通十有五日而後定也既定乃注以斗水凡水必熟而冷者也凡釀與投必寒之而後下此炎州之令也既水五日乃篘得二斗有半此吾酒之正也先篘半日取所謂羸者為粥米一而水三

之揉以餅麴凡四兩二物并也投之糟中熟撋而再釀之五日壓得斗有半此吾酒之少勁者也勁正合為四斗又五日而飲則和而力嚴而不猛也篘絶不旋踵而粥投之少留則糟枯中風而酒病也釀久者酒醇而豐速者反是故吾酒三十日而成也

書柳子厚牛賦後一首

嶺外俗皆恬殺牛而海南為甚客自高化載牛渡海百尾一舟遇風不順渴飢相倚以死者無數牛登舟皆哀鳴出涕既至海南耕者與屠者常相半病不飲藥但殺牛以禱富者至殺十數牛死者不復云幸而

不死即歸德於巫以巫為醫以牛為藥間有飲藥者巫輒云神怒病不可復治親戚皆為却藥禁醫不得入門人牛皆死而後已地產沈水香香必以牛易之黎黎人得牛皆以祭鬼無脫者中國人以沈水香供佛燎帝求福此皆燒牛肉也何福之能得哀哉予莫能救故書柳子厚牛賦以遺瓊州僧道贇使以曉諭其鄉人之有知者庶幾其少衰乎庚辰三月十五日記

剛說

孔子曰剛毅木訥近仁又曰巧言令色鮮矣仁所好

夫剛者非好其剛也好其仁也所惡夫佞者非惡其
佞也惡其不仁也吾平生多難常以身試之凡免我
于厄者皆平日可畏人也擠我於嶮者皆異時可喜
人也吾是以知剛者之必仁佞者之必不仁也建中
靖國之初吾歸自海南見故人問存沒追論平生所
見剛者或不幸死矣若孫君介夫諱立節者真可謂
剛者也始吾弟子由為條例司屬官以議不合引去
王荆公謂君曰吾條例司當得開敏如子者君笑曰
公過矣當求勝我者若我輩人則亦不肯為條例司
矣公不荅徑起入户君亦趨出君為鎮江軍書記吾

時通守錢塘徃來常潤間見君京口方新法之初監
司皆新進少年馭吏如束濕不復以禮遇士大夫而
獨敬憚君曰是抗丞相不肯為條例司者謝麟經制
溪洞事宜州守王奇與蠻戰死君為桂州節度判官
被旨鞠吏士有罪者麟因收大小使臣十二人付君
并按且盡斬之君持不可麟以語侵君君曰獄當論
情吏當守法逗撓不進諸將罪也既伏其辜矣餘人
可盡戮乎若必欲以非法斬人則經制司自為之我
何與焉麟奏君抗拒君亦奏麟侵獄事刑部定如君
言十二人皆不死或以遷官吾以是益知剛者之必

仁也不仁而能以一言活十二人於必死乎方孔子時可謂多君子而曰未見剛者以明其難得如此而世乃曰太剛則折士患不剛耳長養成就猶恐不足當憂其太剛而懼之以折耶折不折天也非剛之罪為此論者鄙夫患失者也君平生可紀者甚多獨書此二事遺其子緦勵明剛者之必仁以信孔子說

續養生論一首

鄭子產曰火烈人望而畏之水弱人狎而玩之翼奉論六情十二律其論水火也曰北方之情好也好行貪狼南方之情惡也惡行廉貞廉貞故為君子貪狼

故為小人予參二人之學而為之說曰火烈而水弱烈生正弱生邪火為心水為腎故五藏之性心正而腎邪腎無不邪者雖上智之腎亦邪然上智常不淫者心之官正而腎聽命也心無不正者雖下愚之心亦正然下愚常淫者心不官而腎為政也知此則知鈆汞龍虎之說矣何謂鈆凡氣之謂鈆或趨或蹶或呼或吸或執或擊凡動者皆鈆也肺實出納之肺為金為白虎故曰鈆又曰虎何謂汞凡水之謂汞唾涕膿血精汗便利凡濕者皆汞也肝實宿藏之肝為木為青龍故曰汞又曰龍古之真人論內丹者曰五行

顛倒術龍從火裏出五行不順行虎向水中生世世未有知其説者也方五行之順行也則龍出於水虎出於火皆死之道也心不官而腎為政聲色外誘邪淫内發壬癸之英下流為人或為腐壞是汞龍之出於水者也喜怒哀樂皆出於心者也喜則攫拏隨之怒則毆擊隨之哀則擗踴隨之樂則抃舞隨之心動於内而氣應於外是鈆虎之出於火者也汞龍之出於水鈆虎之出於火有能出而復返者乎故曰皆死之道也眞人教之以逆行曰龍當使從火出虎當使從水生也其説若何孔子曰思無邪凡有思皆邪也而

無思則土木也孰能使有思而非邪無思而非土木
乎蓋必有無思之思焉夫無思之思端正莊栗如臨
君師未嘗一念放逸然卒無所思如龜毛兔角非作
故無本性無故是之謂戒戒生定定則出入息自住
出入息住則心火不復炎上火在易為离离麗也必
有所麗未嘗獨立而水其妃也既不炎上則從其妃
矣水火合則壬癸之英上流于腦而溢于玄膺若鼻
液而不鹹非腎出故也此汞龍之自火出者也長生
之藥内丹之萌無過此者矣陰陽之始交天一為水
凡人之始造形皆水也故五行一曰水得暖氣而後

生故二曰火生而後有骨故三曰木骨生而日堅凡物之堅壯者皆金氣也故四曰金骨堅而後肉生焉土爲肉故五曰土人之在母也母呼亦呼母吸亦吸口鼻皆閉而以臍達故臍者生之根也汞龍之出于火流于腦溢于玄膺必歸于根心火不炎上必從其妃是火常在根也故壬癸之英得火而日堅達于四支浹于肌膚而日壯其究極則金剛之體也此鉛虎之自水生者也龍虎生而内丹成矣故曰順行則爲人逆行則爲道道則未也亦可謂長生不死之術矣

東坡後集卷第九

重刊明成化本東坡七集

東坡後集卷第十

祕閣試論六首

王者不治夷狄論　劉愷丁鴻孰賢論

禮義信足以成德論　形勢不如德論

禮以養人為本論　既醉備五福論

御試制科策一道

擬進士對　御試策一道　并引狀

王者不治夷狄論

論曰夷狄不可以中國之治治也譬若禽獸然求其大治必至於大亂先王知其然是故以不治治之治

之以不治者乃所以深治之也春秋書公會戎于潛
何休曰王者不治夷狄録戎來者不拒去者不追也
夫天下之至嚴而用法之至詳者莫過於春秋凡春
秋之書公書侯書字書名其君得為諸侯其臣得為
大夫者舉皆齊晉也不然則齊晉之與國也其書州
書國書氏書人其君不得為諸侯其臣不得為大夫
者舉皆秦楚也不然則秦楚之與國也夫齊晉之君
所以治其國家擁衛天子而愛養百姓者豈能盡如
古法哉蓋亦出於詐力而參之以仁義是亦未能純
為中國也秦楚者亦非獨貪冒無恥肆行而不顧也

蓋亦有秉道行義之君焉是秦楚亦未至於純爲夷狄也齊晉之君不能純爲中國而春秋之所予者常嚮焉有善則汲汲而書之惟恐其不得聞於後世有過則多方而開赦之惟恐其不得爲君子秦楚之君未至於純爲夷狄而春秋之所不予者常在焉有善則累而後進有惡則略而不録以爲不足録也是非獨私於齊晉而疾於秦楚也以見中國之不可以一日背而夷狄之不可以一日嚮也其不純者足以寄其褒貶則其純者可知矣故曰天下之至嚴而用法之至詳者莫如春秋夫戎者豈特如秦楚之流入於

戎狄而已哉然而春秋書之曰公會戎于潜公無所
貶而戎為可會是獨何歟夫戎之不能以會禮會公
亦明矣此學者之所以深疑而求其說也故曰王者
不治夷狄録戎來者不拒去者不追也夫以戎之不
可以化誨懐服也彼其不悍然執兵以與我從事於
邊鄙則已幸矣又況乎知有所謂會者而欲行之是
豈不足以深嘉其意乎不然將深責其禮彼將有所
不堪而發其憤怒則其禍大矣仲尼深憂之故因其
來而書之以會曰若是足矣是將以不治深治之也
由是觀之春秋之疾戎狄者非疾純戎狄也疾夫以

中國而流入於戎狄者也謹論

劉愷丁鴻孰賢論

論曰君子之爲善非特以適己自便而已其取於人也必度其人之可以與我也其予人也必度其人之可以受於我也我可以取之而其人不可以與我君子不取我可以予之而其人不可受君子不予既爲己慮之又爲人謀之取之必可予予之必可受若己爲君子而使人爲小人是亦去小人無幾耳東漢劉愷讓其弟荆而詔聽之丁鴻亦以陽狂讓其弟而其友人鮑駿責之以義鴻乃就封其始自以爲義而行

之其終也知其不義而復之知其始之所行非詐也此范氏之所以賢鴻而下愷也其論稱太伯伯夷未始有其讓也故太伯稱至德伯夷稱賢人及後世徇其名而昧其致於是詭激之行興矣若劉愷之徒讓其弟使弟受非服而已受其名不已過乎丁鴻之心主於忠愛何其終悟而從義也范氏之所賢者固已得之矣而其未盡者請得畢其說夫先王之制立長所以明宗明宗所以防亂非有意私其長而沮其少也天子與諸侯皆有太祖其有天下有一國皆受之太祖而非己之所得專有也天子不敢以其太祖之

天下與人諸侯不敢以其太祖之國與人天下之通義也夫劉愷丁鴻之國不知二子所自致邪將亦受之其先祖邪受之其先祖而傳之於所不當立之人雖其弟之親與塗人均耳夫吳太伯伯夷非所以為法也太伯將以成周之王業而伯夷將以訓天下之讓而為是詭時特異之行皆非所以為法也今劉愷舉國而讓其弟非獨使弟受非服之為過也將以壞先王防亂之法輕其先祖之國而獨為是非常之行考之以禮繩之以法而愷之罪大矣然漢世士大夫多以此為名者安順桓靈之世士皆反道矯情以盜

一時之名蓋其弊始於西漢之世常元成以侯讓其兄而為世主所賢天下高之故漸以成俗履常而蹈易者世以為無能而擯之則丁鴻之復於中道尤可以深嘉而屢歎也謹論

禮義信足以成德論

論曰有大人之事有小人之事愈大則身愈逸而責愈重愈小則身愈勞而責愈輕綦大而至天子綦小而至農夫各有其分不可亂也責重者不可以不逸不逸則無以任天下之重責輕者不可以不勞不勞則無以逸夫責重者二者譬如心之思慮於内而手足

之動作步趨於外也是故不耕而食不蠶而衣君子不以爲愧者所職大也自堯舜以來未之有改後世學衰而道散諸子之智不足以見其大而竊見其小者之一偏以爲有國者皆當惡衣糲食與農夫並耕而治一人之身而自爲百工蓋孔子之時則有是說矣夫樊遲親受業於聖人而猶惑於是說是以區區焉欲學稼於孔子孔子知是說之將蔓延於天下也故極言其大而深折其詞以爲上好禮則民莫敢不恭上好義則民莫敢不服上好信則民莫敢不用情夫如是則四方之民襁負其子而至矣安用稼而解

者以爲禮義與信足以成德夫樊遲之所爲汲汲於學稼者何也是非以穀食不足而民有苟且之志以慢其上爲憂乎是非以人君獨享其安榮而使民勞苦獨賢爲憂乎是非以人君不身親之則空言不足勸課百姓爲憂乎是三憂者皆世俗之私憂過計也君子以禮治天下之分使尊者習爲尊卑者安爲卑則夫民之慢上者非所憂也君子以義處天下之宜使祿之一國者不自以爲多抱關擊柝者不自以爲寡則夫民之勞苦獨賢者又非所憂也君子以信一天下之惑使作於中者必形於外循其名者必得其

實則夫空言不足以勸課者又非所憂也此三者足以成德矣故曰三憂者皆世俗之私憂過計也謹論

形勢不如德論

論曰傳有之天時不如地利地利不如人和此言形勢之不如德也而吴起亦云在德不在嶮太史公以爲形勢雖强要以仁義爲本儒者之言兵未嘗不以藉其口矣請拾其遺説而備論之凡形勢之説有二有以人爲形勢者三代之封諸侯是也天子之所以繫於天下者至微且危也歡然而合合而不去則爲君臣其善可得而賞其惡可得而罰其穀米可得而

食其功力可得而役使當此之時君臣之勢甚固及其一旦潰然而去去而不返則為寇讎強者起而見攻智者起而見謀彷徨四顧而不知其所恃當是時君臣之勢甚危先王知其固之不足恃而危之不可以忽也故大封諸侯錯置親賢以示天下形勢劉頌所謂善為國者任勢而不任人郡縣之察小政理而大勢危諸侯為邦近多違而遠慮固此以人為形勢者也然周之衰也諸侯肆行而莫之禁自平王以下其去亡無幾也是則德衰而人之形勢不足以救也以地為形勢者秦漢之建都是也秦之取天下非天

下心服而臣之也較之以富搏之以力而猶不服又以詐囚其君虜其將然後僅得之今之臣服而朝貢皆昔之暴骨於原野之子孫也則吾安得泰然而長有之漢之取天下雖不若秦之暴然要以不本於仁義也當此之時不大封諸侯則無以荅功臣之望諸侯大而京師不安則其勢不得不以關中之固而臨之此雖堯舜湯武亦不能使其德一日而信於天下荀卿所謂合其參者此以地為形勢者也然及其衰也皆以大臣專命危自内起而關中之形勢曾不及施此亦德衰而地之形勢不能救也夫三代秦漢之

君慮其後世而爲之備患者不可謂不至矣然至其亡也常出於其所不慮此豈形勢不如德之明效歟易曰神而明之存乎其人人存則德存德存則無諸侯而安無障塞而固矣謹論

禮以養人爲本論

論曰三代之衰至于今且數千歲豪傑有意之主博學多識之臣不可以勝數矣然而禮廢樂墜則相與咨嗟發憤而卒於無成者何也是非其才之不逮學之不至過於論之太詳畏之太甚也夫禮之初始諸人情因其所安者而爲之節文凡人情之所安而有

節者舉皆禮也則是禮未始有定論也然而不可以
出於人情之所不安則亦未始無定論也執其無定
以爲定論則塗之人皆可以爲禮今儒者之論則不
然以爲禮者聖人之所獨尊而天下之事最難成者
也牽於繁文而拘於小說有毫毛之差則終身以爲
不可論明堂者惑於考工吕令之説議郊廟者泥於
鄭氏王肅之學紛紛交錯者累歲而不決或因而遂
罷未嘗有一人果斷而決行之此皆論之太詳而畏
之太甚之過也夫禮之大意存乎明天下之分嚴君
臣篤父子形孝弟而顯仁義也今不幸而聖人遠有

如毫毛不合於三代之法固未害其為明天下之分也所以嚴君臣篤父子形孝弟而顯仁義者猶在也今使禮廢而不脩則君臣不嚴父子不篤孝弟不形仁義不顯反不足重乎昔者西漢之書始於仲舒而至於劉向悼禮樂之不興故其言曰禮以養人為本如有過差是過而養人也刑罰之過或至殺傷今吏議法筆則筆削則削而至禮樂則不敢是敢於殺人而不敢於養人也而范曄以為樂非夔襄而新音代作律謝皐蘇而法令亟易而至於禮獨何難歟夫法者末也又加以慘毒繁難而天下常以為急禮者本

也又加以和平簡易而天下常以爲緩如此而不治則又從而尤之曰是法未至也則因而急之甚矣人之惑也平居治氣養生宣故而納新其行之甚易其過也無大患然皆難之而不爲悍藥毒石以搏去其疾則皆爲之此天下之公患也嗚呼王者得斯說而通之禮樂之興庶乎有日矣謹論

既醉備五福論

論曰君子之所以大過人者非以其智能知之強能行之也以其功興而民樂與之同勞功成而民樂與之同樂如是而已矣富貴安逸者天下之所同好也

然而君子獨享焉享之而安天下以爲當然者何也天下知其所以富貴安逸者凡以庇覆我也貧賤勞苦者天下之所同惡也而小人獨居焉居之而安天下以爲當然者何也天下知其所以貧賤勞苦者凡以生全我也夫然故獨享天下之大利而不憂使天下爲己勞苦而不怍耳聽天下之備聲目視天下之備色而民猶以爲未也相與禱祠而祈祝曰使吾君長有吾國也又相與詠歌而稱頌之被於金石溢於竹帛使其萬世而不忘也嗚呼彼君子者獨何修而得此於民哉豈非始之以至誠中之以不欲速而終

之以不懈歟視民如視其身待其至愚者如其至賢者是謂至誠至誠無近効要在於自信而不惑是謂不欲速不欲速則能久久則功成功成則易懈君子濟之以恭是謂不懈行此三者所以得之於民也三代之盛不能加毫末於此矣既醉者成王之詩也其序曰既醉太平也醉酒飽德人有士君子之行焉而說者以為是詩也實具五福其詩曰君子萬年壽也介爾景福富也室家之壼康寧也高明有融者攸好德也高明令終者考終命也凡言此者非美其有是五福也美其全享是福兼有是樂而天下安之以為

當然也夫詩者不可以言語求而得必將深觀其意焉故其譏刺是人也不言其所為之惡而言其爵位之尊車服之美而民疾之以見其不堪也君子偕老副笄六珈赫赫師尹民具爾瞻是也其頌美是人也不言其所為之善而言其冠佩之華容貌之盛而民安之以見其無媿也緇衣之宜兮敝予又改為兮服其命服朱芾斯皇是也故既醉者非徒享是五福而已必將有以致之不然民將盻盻焉疾視而不能平又安能獨樂乎是以孟子言王道不言其他而獨言民之聞其作樂見其田獵而欣欣者此可謂知本矣

謹論

御試制科策一道

策問

皇帝若曰朕承祖宗之大統先帝之休烈深惟寡昧未燭於理志勤道遠治不加進夙興夜寐于兹三紀朕德有所未至教有所未孚闕政尚多和氣或盭田野雖闢民多亡聊邊境雖安兵不得徹利入已浚浮費彌廣軍冗而未練官冗而未澄庠序比興禮樂未具戶罕可封之俗士忽胥讓之節此所以訟未息於虞芮刑未措於成康意在位者不以教化為心治民

者多以文法為拘禁防繁多民不知避敘法寬濫吏不知懼纍繫者衆愁歎者多仍歲以來災異數見六月壬子日食于朔淫雨過節煗氣不效江河潰決百川騰溢永思厥咎深切在予變不虛生緣政而起五事之失六沴之作劉向所傳呂氏所紀五行何修而得其性四時何行而順其令非正陽之月伐鼓救變其合於經乎方盛夏之時論囚報重其考於古乎京師諸夏之根本則王教之淵源百工淫巧無禁豪右僭差不度治當先內或曰何以為京師政在摘姦或曰不撓獄市推尋前世孝文尚老子而天下富殖孝

武用儒術而海內虛耗道非有弊治奚不同王政所
由形于詩道周公豳詩王業也而係之國風宣王北
伐大事也而載之小雅周以冢宰制國用唐以宰相
兼度支錢穀大計也兵師大衆也何陳平之對謂當
責之內史啇賢之言不宜兼於宰相錢貨之制輕重
之相權命秩之差虛實之相養水旱蓄積之備邊陲
守禦之方圜法有九府之名樂語有五均之義富人
強國尊君重朝弭災致祥改薄從厚此皆前世之急
政而當今之要務子大夫其悉意以陳毋悼後害
臣謹對曰臣聞天下無事則公卿之言輕於鴻毛天

下有事則匹夫之言重於泰山非智有所不能而明有所不察緩急之勢異也方其無事也雖齊桓之深信其臣管仲之深得其君以握手丁寧之間將死深悲之言而不能去其區區之三豎及其有事且急也雖唐代宗之庸程元振之用事柳伉之賤且疎而一言以入之不終朝而去其腹心之疾夫言之於無事之世者足以有所改為而常患於不信言之於有事之世者易以見信而常患於不及改為此忠臣志士之所以深悲天下之所以亂亡相尋而世主之所以不悟也今　陛下處積安之時乘不拔之勢拱手垂

裳而天下嚮風動容變色而海內震恐雖有一事之失常一物之不獲固未足以憂　陛下也所為親策賢良之士者以應故事而已豈以臣言為真足以有感於　陛下耶雖然君以名求之臣以實應之　陛下為是名也臣敢不為是實也伏惟制策有念　祖宗先帝大業之重而自處於寡昧以為志勤道遠治不加進臣竊以為　陛下即位以來歲歷三紀更於事變審於情偽不為不熟矣而治不加進雖臣亦疑之然以為志勤道遠則雖臣至愚亦未敢以明詔為然也夫志有不勤而道無遠　陛下苟知勤矣則天

下之事粲然無不畢舉又安以訪臣為哉今也猶以道遠為歎則是　陛下未知勤也臣請言勤之說夫天以日運故健日月以日行故明水以日流故不竭人之四肢以日動故無疾器以日用故不蠹天下者大物也久置而不用則委靡廢放日趨於弊而已矣陛下深居法宮之中其憂勤而不息邪臣不得而知也其宴安而無為邪臣不得而知也然所以知道遠之歎由　陛下之不勤者誠見　陛下以天下之大欲輕賦稅則財不足欲威四夷則兵不強欲興利除害則無其人欲敦世厲俗則無其具大臣不過遵

用故事小臣不過謹守簿書上下相安以苟歲月此
臣所以妄論　陛下之不勤也臣又竊聞之自頃歲
以來大臣奏事　陛下無所詰問直可之而已臣始
聞而大懼以為不信及退而觀其效見則臣亦不敢
謂不信也何則人君之言與士庶不同言脫於口而
四方傳之捷於風雨故　太祖太宗之世天下皆諷
誦其言語以為聳動之具今　陛下之所震怒而賜
譴者何人也合於聖意誘而進之者何人也所與朝
夕論議深言者何人也越次躐等召而問訊之者何
人也四者臣皆未之聞焉此臣所以妄論　陛下之

不勤也臣願　陛下條天下之事其大者有幾可用之人有幾某事未治某人未用雞鳴而起曰吾今日爲某事用某人他日又曰吾所爲某事其果濟矣乎所用某人其人果才矣乎如是孜孜焉不違於心屏去聲色放遠善柔親近賢達遠覽古今凡此者勤之實也而道何遠乎伏惟　制策有夙興夜寐于今三紀德有所未至教有所未孚闕政尚多和氣或盭田野雖闢民多亡聊邊境雖安兵不得徹利入已浚浮費彌廣軍冗而未練官冗而未澄庠序比興禮樂未具户罕可封之俗士忽皆讓之節此所以訟未息於

虞苪刑未措於成康意在位者不以教化為心治民者多以文法為拘禁防繁多民不知避敘法寬濫吏不知懼纍繫者衆愁歎者多凡此 陛下之所憂數十條者臣皆能為 陛下歷數而備言之然而未敢為 陛下道也何者 陛下誠得御臣之術而固執之則嚮之所憂數十條者皆可以捐之大臣而已不與今 陛下區區以嚮之數十條為己憂者則是 陛下未得御臣之術也天下所謂賢者 陛下既得而用之矣方其未用也常若有餘而其既用也則不足是豈其才之有變乎古之用人者日夜提策之武

王用太公其相與問答百餘萬言今之六韜是也桓
公用管仲其相與問答亦百餘萬言今之管子是也
古之人君其所以反覆窮究其臣者若此今　陛下
默默而聽其所為則夫嚮之所憂數十條者無時而
舉矣古之忠臣其受任也必先自度曰吾能辨是矣
乎度能辨是也則又曰吾君能忘己而任我乎能無
以小人間我乎度其能忘己而任我也能無以小人
間我也然後受之既已受之矣則以身任天下之責
而不辭享天下之利而不愧今也內不度己外不度
君而輕受之受之而衆不與也則引身而求去　陛

下又為美辭而遣之加之重禄而慰之夫引身而求
退者非果廉節而有讓也是邀君以自固也是自明
其非我之欲留以逃謗也是不能辨其事而以其患
遺後人也　陛下柰何聽之臣故曰　陛下未得御
臣之術也若夫德有所未至教有所未孚者此實不
至也德之必有以著其德之之形教之必有以顯其
教之之狀德之之形莫著於輕賦教之之狀莫顯於
去殺此二者今皆未能焉故曰實不至也夫以選舉
之重而不取才行官吏之衆而不行考課農末之相
傾而平糴之法不立貧富之相役而占田之數無限

天下之闕政則莫大乎此而和氣安得不消乎田野
闢者民之所以富足之道也其所以無聊則吏政之
過也然臣聞天下之民常偏聚而不均吳蜀有可耕
之人而無其地荆襄有可耕之地而無其人由此觀
之則田野亦可謂盡闢也夫以吳蜀荆襄之相形而
飢寒之民終不能去狹而就寛者世以為懐土而重
遷非也行者無以相羣則不能行居者無以相友則
不能居若輩徙飢寒之民則無有不聽矣邊境已安
而兵不得徹者有安之名而無安之實也臣欲小言
之則自以為愧大言之則世俗以為笑臣請略言之

古之制北狄者未始不通西域今之所以不能通者是夏人為之障也　朝廷置靈武於度外幾百年矣議者以為絶域異方義不敢近而況於取之乎然臣以為事勢有不可不取者不取靈武則無以通西域西域不通則契丹之強未有艾也然靈武之所以不可取者非以數郡之能抗吾中國吾中國自困而不能舉也其所以自困而不能舉者以不生不息之財養不耕不戰之兵塊然如巨人之病腿非不杇然大矣而手足不能以自舉欲去是疾也則莫若捐秦以委之使秦人斷然如戰國之世不待中國之援而中

國亦未始有秦者有戰國之全利而無戰國之患則
夏人舉矣其便莫如稍徙緣邊之民不能戰守者於
空閑之地而以其地益募民為屯田屯田之兵稍益
則向之戍卒可以稍減使數歲之後緣邊之民盡為
耕戰之夫然後數出兵以苦之要以使之厭戰而不
能支則折而歸吾矣如此而北狄始有可制之漸中
國始有息肩之所不然將齊師之不暇而又何徹乎
所謂利入已復而浮費彌廣若臣竊以為外有不得
已之二虜內有得已而不已之後宮後宮之費不下
一敵國金玉錦繡之工日作而不息朝成夕毀務以

相新主帑之吏日夜儲其精金良帛而別異之以待倉卒之命其為費豈可勝計哉今不務去此等而欲廣求利之門臣知所得之不如所喪也軍冗而未練者臣嘗論之曰此將不足恃之過也然以其不足恃之故而擁之以多兵不蒐去其無用則多兵適所以為敗也官冗而未澄者臣嘗論之曰此審官吏部與職司無法之過也夫審官吏部是古者考績黜陟之所也而特以日月為斷今縱未能復古可略分其郡縣不以遠近為差而以難易為等第其人之所堪而別異之才者常為其難而不才者常為其易及其當

遷地難者常速而易者常久然而為此者固有待也
内之審官吏部與外之職司常相關通而為職司者
不惟舉有罪察有功而已必使盡第其屬吏之所堪
以詔審官吏部審官吏部常從内等其任使之難易
職司常從外第其人之優劣才者常用不才者常閑
則冗官可澄矣庠序興而禮樂未具者臣蓋以為庠
序者禮樂既興之所用非所以興禮樂也今禮樂鄙
野而未完則庠序不知所以為教又何以興禮樂乎
如此而求其可封責其皆讓將以息訟而措刑者是
却行而求前也夫上之所嚮者下之所趨也而況從

而賞之乎上之所背者下之所去也而況從而罰之乎　陛下責在位者不務教化而治民者多拘文法臣不知　朝廷所以為賞罰者何也無乃或以教化得罪而多以文法受賞歟夫禁防未至於繁多而民不知避者吏以為市也敘法不為寬濫而吏不知懼者不論其能否而論其久近也纍繫者衆愁歎者多凡以此也伏惟　制策有仍歲以來災異數見乃六月壬子日食于朔淫雨過節煥氣不效江河潰決百川騰溢永思厥咎深切在予變不虛生緣政而起此豈非　陛下厭聞諸儒牽合之論而欲聞其自然之

說乎臣不敢復取洪範傳五行志以爲對直以意推
之夫日食者是陽氣不能履險也何謂陽氣不能履
險臣聞五月二十三分月之二十是爲一交交當朔
則食交者是行道之險者也然而或食或不食則陽
氣之有強弱也今有二人並行而犯霧露其疾者必
其弱者其不疾者必其強者也道之險一也而陽氣
之強弱異故夫日之食非食之日而後爲食其虧也
久矣特遇險而見焉　陛下勿以其未食也爲無災
而其既食而復也爲免咎臣以爲未也特出於險耳
夫淫雨大水者是陽氣融液汗漫而不能收也諸儒

或以為陰盛臣請得以理析之夫陽動而外其於人也為噓噓之氣溫然而為濕陰動而內其於人也為噏噏之氣洽然而為燥以一人推天地天地可見故春夏者其一噓也秋冬者其一翕也夏則川澤洋溢冬則水泉收縮此燥濕之效也是故陽氣汗漫靡液而不能收則常為霪雨大水猶人之噓而不能噏也今陛下以至仁柔天下兵驕而益厚其勝戎狄桀儆而益加其禮為然顧天下為昧呴溫燠之政萬事憒擾而終無威刑以堅凝之亦如人之噓而不能翕此霪雨大水之所由作也天地告戒之意陰陽消復

之理殆無以易此矣而　制策又有五事之失六沴之作劉向所傳呂氏所紀五行何修而得其性四時何行而順其令非正陽之月伐鼓救變其合於經乎方盛夏之時論囚報重其考於古乎此　陛下畏天恐懼求端之過而流入於迂儒之說此皆愚臣之所學於師而不取者也夫五行之相沴本不至於六六沴者起於諸儒欲以六極分配五行於是始以皇極附益而為六夫皇極者五事皆得不極者五事皆失非所以與五事並列而別為一者也是故有眊而又有蒙有極而無福曰五福皆應此亦自知其疎也呂

氏之時令則柳宗元之論備矣以為有可行者有不
可行者其可行者皆天事也其不可行者皆人事也
若夫禜社伐鼓本非有益於救災特致其尊陽之意
而已書曰乃季秋月朔辰弗集于房瞽奏鼓嗇夫馳
庶人走由此言之則亦何必正陽之月而後伐鼓救
變如左氏之說乎盛夏報因先儒固已論之以為仲
尼誅齊優之月固君子之所無疑也伏惟　制策有
京師諸夏之表則王教之淵源百工淫巧無禁豪右
僭差不度此在　陛下身率之耳後宮有大練之飾
則天下以羅紈為羞大臣有脫粟之節則四方以膏

梁為汙雖無禁令又何憂乎伏惟　制策有治當先
内或曰何以為京師政在擿姦或曰不可撓獄市此
皆一偏之說不可以不察也夫見其一偏而輙舉以
為說則天下之說不可以勝舉矣自通人而言之則
曰治内所以為京師也不撓獄市所以為擿姦也如
使不撓獄市而害其為擿姦則夫曹參者是為逋逃
主也伏惟　制策有推尋前世深觀治迹孝文尚老
子而天下富殖孝武用儒術而海内虚耗道非有弊
治奚不同臣竊以為不然孝文之所以為得者是儒
術略用也其所以得而未盡者是用儒之未純也而

其所以為失者是用老也何以言之孝文得賈誼之
說然後待大臣有禮御諸侯有術而至于興禮樂係
單于則曰未暇故曰儒術略用而未純也若夫用老
之失則有之矣始以區區之仁壞三代之肉刑而易
之以髡笞髡笞不足以懲其罪則又從而殺之用老
之失豈不過甚矣哉且夫孝武亦可謂用儒之主也
博延方士而多興妖祠大興宮室而甘心遠略此豈
儒者教之令夫有國者徒知徇其名而不考其實見
孝文之富殖而以為老子之功見孝武之虛耗而以
為儒者之罪則過矣此唐明皇之所以溺於宴安徹

去禁防而為天寶之亂也伏惟　制策有王政所由
形于詩道周公豳詩王業也而係之國風宣王北伐
大事也而載之小雅臣聞豳詩言后稷公劉所以致
王業之艱難者也其後累世而至文王之時則王業
既已大成矣而其詩為二南二南之詩猶列於國風
而至於豳獨何怪乎昔季札觀周樂以為大雅曲而
有直體小雅思而不貳怨而不言夫曲而有直體者
寬而不流也思而不貳怨而不言者狹而不迫也由
此觀之則大雅小雅之所以異者取其辭之廣狹非
取其事之大小也伏惟　制策有周以冡宰制國用

唐以宰相兼度支錢穀大計也兵師大衆也何陳平之對謂當責之內史常賢之言不宜兼於宰相臣以為宰相雖不親細務至於錢穀兵師固當制其贏虛利害陳平所謂責之內史者特以宰相不當治其簿書多少之數耳昔唐之初以郎官領度支而職事以治及兵興之後始立使額參佐既衆簿書益繁百弊之源自此而始其後裴延齡皇甫鎛皆以剝下媚上至於希世用事以宰相兼之誠得防姦之要而常賢之議特以其權過重歟故李德裕以為賤臣不當議令臣常以為有宰相之風矣伏惟

制策有錢貨之

制輕重之相權命秩之差虛實之相養水旱蓄積之備邊陲守禦之方圜法有九府之名樂語有五均之義此六者亦方今之所當論也昔召穆公曰民患輕則多作重以行之若不堪重則多作輕以行之亦不廢重輕可改而重不可廢不幸而過盜失於重此制錢之本意也命者人君之所擅出於口而無窮秩者民力之所供取於府而有限以無窮養有限此虛實之相養也水旱蓄積之備則莫若復隋唐之義倉邊陲守禦之方則莫若依秦漢之更卒周官有太府天府泉府玉府内府外府職内職金職弊是謂九府太

公之所行以致富古者天子取諸侯之士以為國均則市不二價四民常均是謂五均獻王之所致以為法皆所以均民而富國也凡 陛下之所以策臣者大略如此而於其末復策之曰富人強國尊君重朝弭災致祥改薄從厚此皆前世之急政而當今之要務此臣有以知 陛下之聖意以為向之所以策臣者各指其事恐臣不得盡其辭是以復舉其大體而槩問焉又恐其不能切至也故又詔之曰悉意以陳而無悼後害臣是以敢復進其猖狂之說夫天下者非君有也天下使君主之耳 陛下念 祖宗之重

思百姓之可畏欲進一人當同天下之所欲進欲退
一人當同天下之所欲退今者每進一人則人相與
誹曰是進於某也是某之所欲也每退一人則又相
與誹曰是出於某也是某之所惡也臣非敢以此為
舉信也然而致此言者則必有由矣今無知之人相
與謗於道曰聖人在上而天下之所以不盡被其澤
者便嬖小人附於左右而女謁盛於内也為此言者
固妄矣然而天下或以為信者何也徒見諫官御史
之言矻矻乎難入以為必有間之者也徒見蜀之美
錦越之奇器不由方貢而入於官也如此而向之所

謂急政要務者　陛下何暇行之臣不勝憤懣謹復
列之於末惟　陛下寬其萬死幸甚幸甚謹對

擬進士對御試策一道 并引狀

右臣准宣命差赴集英殿編排舉人試卷竊見　陛
下始革舊制以策試多士厭聞詩賦無益之語將求
山林朴直之論聖聽廣大中外歡悅而所試舉人不
能推原　上意皆以得失為慮不敢指陳闕政而阿
諛順旨者又率據上第　陛下之所以求於人至深
切矣而下之報上者如此臣竊悲之夫科場之文風
俗所繫所收者天下莫不以為法所弃者天下莫不

以為戒昔　祖宗之朝崇尚辭律則詩賦之工曲盡
其巧自嘉祐以來以古文為貴則策論盛行於世而
詩賦幾至於熄何者利之所在人無不化今始以策
取士而士之在甲科者多以諂諛得之天下觀望誰
敢不然臣恐自今以往相師成風雖直言之科亦無
敢以直言進者風俗一變不可復返正人衰微則國
隨之非復詩賦策論迭興迭廢之比也是以不勝憤
懣退而擬進士對御試策一道學術淺陋不能盡知
當世之切務直載所聞上將以推廣聖言庶有補於
萬一下將以開示四方使知　陛下本不諱惡切直

之言風俗雖壞猶可以少救其所撰策謹繕寫投進
干冒　天威臣無任戰恐待罪之至

策問

問朕德不類託於士民之上所與待天下之治者惟
萬方黎獻之求詳延于廷評以世務豈特考子大夫
之所學且以博朕之所聞蓋聖王之御天下也百官
得其職萬事得其序有所不為為之而無不成有所
不革革之而無不服田疇闢溝洫治草木暢茂鳥獸
魚鱉無不得其性其富足以備禮其和足以廣樂其
治足以致刑子大夫以謂何施而可以臻此方今之

弊可謂衆矣捄之之道必有本末所施之宜必有先後子大夫之所宜知也生民以來所謂至治必曰唐虞成周之時詩書所稱其迹可見以至後世賢明之君忠智之臣相與憂勤以營一代之業雖未盡善要其所以成就亦必有可言者其詳著之朕將親覽焉

擬進士對御試策一道

對臣伏見　陛下發德音下明詔以天下安危之至計謀及於布衣之士其求之不可謂不切其好之不可謂不篤矣然臣私有所憂者不知　陛下有以受之歟禮曰甘受和白受采故臣願　陛下先治其心

使虛一而靜然後忠言至計可得而入也今臣竊恐
陛下先入之言已實其中邪正之黨已貳其聽功
利之說已動其欲則雖有臯陶益稷爲之謀亦無自
入矣而況於踈遠愚陋者乎此臣之所以大懼也若
乃盡言以招過觸諱以亡軀則非臣之所恤也　聖
策曰聖王之御天下也百官得其職萬事得其序臣
以爲　陛下未知此也是以所爲顚倒失序如此苟
誠知之曷不尊其所聞而行其所知歟百官之所以
得其職者豈聖王人人而督責之歟萬事之所以得
其序者豈聖王事事而整齊之歟亦因能以任職因

職以任事而已官有常守謂之職施有先後謂之序今　陛下使兩府大臣侵三司財利之權常平使者亂職司守令之治刑獄舊法不以付有司而取決於執政之意邊鄙大慮不以責帥臣而聽計於小吏之口百官可謂失其職矣王者之所宜先者德也所宜後者刑也所宜先者義也所宜後者利也而　陛下易之萬事可謂失其序矣然此猶其小者其大者則中書失其政也宰相之職古者所以論道經邦今　陛下但使奉行條例司文書而已昔邴吉為丞相蕭望之為御史大夫望之言陰陽不和咎在臣等而宣

帝以爲意輕丞相終身薄之今政事堂忿爭相詬流傳都邑以爲口實使天下何觀焉故臣願　陛下首還中書之政則百官之職萬事之序以次得矣　聖策曰有所不爲爲之而無不成有所不革革之而無不服　陛下之及此言是天下之福也今日之患正在於未成而爲之未服而革之耳夫成事在理不在勢服人以誠不以言理之所在以爲則成以禁則止以賞則勸以言則信古之人所以鼓舞天下綏之斯來動之斯和者蓋循理而已今爲政不務循理而欲以人主之勢賞罰之威刼而成之夫以斧析薪可謂

必克矣然不循其理則斧可鈌薪不可破是以不論
尊卑不計強弱理之所在則成理所不在則不成可
必也今　陛下使農民舉息與商賈爭利豈理也哉
而怪其不成乎禮曰微之顯誠之不可掩也如此夫
陛下苟誠心乎為民則雖或謗之而人不信苟誠
心乎為利則雖自解釋而人不服且事有決不可欺
者吏受賄枉法人必謂之贓非其有而取之人必謂
之盜苟有其實不敢辭其名今青苗有二分之息而
不謂之放債取利可乎凡人為善不自譽而人譽之
為惡不自毀而人毀之如使為善者必須自言而後

信則堯舜周孔亦勞矣今天下以爲利　陛下以爲
義天下以爲貪　陛下以爲廉不勝其紛紜也則使
二三臣者極其巧辯以解荅千萬人之口附會經典
造爲文書以曉告四方四方之人豈如嬰兒鳥獸而
可以美言小數眩惑之哉且夫未成而爲之則其弊
必至於不敢爲未服而革之則其弊必至於不敢革
蓋世有好走馬者一爲墜傷則終身徒行何者慎重
則必成輕發則多敗此理之必然也　陛下若出於
慎重則屢作屢成不惟人信之　陛下亦自信而日
以勇矣若出於輕發則每舉每敗不惟人不信　陛

下亦不自信而日以怯矣文宗始用訓注其志豈淺
也哉而一經大變則憂沮喪氣不能復振文宗亦非
有失德徒以好作而寡謀也慎重者始若怯終必勇
輕發者始若勇終必怯迺者横山之人未嘗一日而
忘漢雖五尺之童子知其可取然自慶曆以來莫之
敢發誠未有以善其後也近者邊臣不計其後而遽
發之一發不中則内帑之費以數百萬計而關輔之
民困於飛輓者二年而未已雖天下之勇者敢復為
之歟為之固不可敢復言之歟由此觀之則横山之
功是邊臣欲速而壞之也近者青苗之政助役之法

均輸之策併軍蒐卒之令卒然輕發又甚於前日矣
雖　陛下不卹人言持之益堅而勢窮事礙終亦必
變他日雖有良法美政　陛下能復自信乎人君之
患在於樂因循而重改作今　陛下春秋鼎盛天錫
勇智此萬世一時也而群臣不能濟之以慎重養之
以敦朴譬如乘輕車馭駿馬冒險夜行而僕夫又從
後鞭之豈不殆哉臣願　陛下解轡秣馬以須東方
之明而徐行於九軌之道甚未晚也　聖策曰田疇
闢溝洫治草木暢茂鳥獸魚鼈莫不各得其性者此
百工有司之事也曾何足以累　陛下陛下操其要

治其本恭己無為而物莫不盡其理以生以死若夫
百工有司之事自宰相不肯為之而况於　陛下乎
聖策曰其富足以備禮其和足以廣樂其治足以
致刑何施而可以臻此孔子曰百姓足君孰與不足
兎首瓠葉可以行禮掃地而祭可以事天禮之不備
非貧之罪也管子曰倉廩實而知禮節臣不知　陛
下所謂富者富民歟抑富國歟陸賈曰將相和則士
豫附劉向曰衆賢和於朝則萬物和於野今朝廷可
謂不和矣其咎安在　陛下不返求其本而欲以力
勝之力之不能勝衆也久矣古者刀鋸在前鼎鑊在

後而士猶犯之今　陛下躬蹈堯舜未甞誅一無罪欲弭衆言不過斥逐異議之臣而更用人耳必未忍行亡秦偶語之禁起東漢黨錮之獄多士何畏而不言哉臣恐逐者不已而爭者益多煩言交攻愈甚於今日矣欲望致和而廣樂豈不踈哉古之求治者將以措刑也今　陛下求治則欲致刑此又群臣誤陛下也臣知其説矣是出於荀卿荀卿者喜為異論至以人性為惡則其言治世刑重亦宜矣説者又以為書稱唐虞之隆刑故無小而周之盛時群飲者殺臣請有以詰之夏禹之時大辟二百周公之時大辟

五百豈可謂周治而禹亂耶秦為法及三族漢除肉
刑豈可謂秦治而漢亂耶致之言極也天下幸而未
治使一日治安　陛下將變今之刑而用其極歟天
下幾何其不叛也徒聞其語而懼者已衆矣臣不意
異端邪說惑誤　陛下至於如此宥過無大刑故無
小此用刑之常理也至于今守之豈獨唐虞之隆而
周之盛時哉所以誅群飲者意其非獨群飲而已如
今之法所謂夜聚曉散者使後世不知其詳而徒聞
其語則凡夜相過者皆執而殺之可乎夫人相與飲
酒而輙殺之雖桀紂之暴不至於此而謂周公行之

歟　聖策曰方今之弊可謂衆矣捄之之道必有本末所施之宜必有先後臣請論其本與其所宜先者而陛下擇焉方今捄弊之道必先立事立事之本在於知人則所施之宜當先觀大臣之知人與否耳古之欲立非常之功者必有知人之明苟無知人之明則循規矩蹈繩墨以求寡過二者皆審於自知而安於才分者也道可以講習而知德可以勉強而能惟知人之明不可學必出於天資如蕭何之識韓信此豈有法而可傳者哉以諸葛孔明之賢而知人之明則其所短是以失之於馬謖而孔明亦審於自知

是以終身不敢用魏延我　仁祖之在位也事無大小一付之於法人無賢不肖一付之於公議事已効而後行人已試而後用終不求非常之功者誠以當時大臣不足以與於知人之明也古之為醫者聆音察色洞視五臟則其治疾也有剖胸決脾洗濯胃腎之變苟無其術不敢行其事今無知人之明而欲立非常之功解縱繩墨以慕古人則是未能察脉而欲試華佗之方其異於操刀而殺人者幾希矣房琯之稱劉秩闗播之用李元平是也至今以為笑矣陛下觀今之大臣為知人歟為不知人歟乃者推用衆

才皆其造室握手之人要結審固而後敢用蓋以為其人可與勠力同心共致太平曾未安席而交口攻之者如蝟毛而起　陛下以此驗之其不知人也亦審矣幸今天下無事異同之論不過瀆亂聖聽而已若邊隅有警盜賊竊發俯仰成敗呼吸變故而所用之人皆如今日乍合乍散臨事解體不可復知則無乃誤社稷歟華佗不世出天下未嘗廢醫蕭何不世出天下未嘗廢治　陛下必欲立非常之功請待知人之佐若猶未也則亦詔左右之臣安分守法而已

聖策曰生民以來稱至治者必曰唐虞成周之世

詩書所稱其迹可見以至後世賢明之君忠智之臣
相與憂勤以營一代之業雖未盡善然要其所成就
亦必有可言者其詳著之臣以為此不可勝言也其
施設之方各隨其時而不可知其所可知者必畏天
必從衆必法　祖宗故其言曰戒之戒之天惟顯思
命不易哉又曰稽于衆舍己從人又曰丕顯哉文王
謨丕承哉武王烈詩書所稱大略如此未嘗言天命
不足畏衆言不足從　祖宗之法不足用也符堅用
王猛而樊世仇滕席寳不悦魏鄭公勸太宗以仁義
而封倫不信凡今之人欲　陛下違衆而自用者必

以此藉口而　陛下所謂賢明忠智者豈非意在於此等歟臣願考二人之所行而求之於今王猛豈嘗設官而牟利魏鄭公豈嘗貸錢而取息歟且其不悦者不過數人固不言天下之信且服也今天下有心者怨有口者謗古之君臣相與憂勤以營一代之業者似不如此古語曰百人之衆未有不公而説況天下乎今天下非之而　陛下不回臣不知所税駕矣詩曰譬彼舟流不知所屆心之憂矣不遑假寐區區之忠惟　陛下察之臣謹昧死上對

東坡後集卷第十

東坡後集卷第十一

志林十三首

武王克殷以殷遺民封紂子武庚禄父使其弟管叔鮮蔡叔度相禄父治殷武王崩禄父與管蔡作亂成王命周公誅之而立微子於宋蘇子曰武王非聖人也昔者孔子蓋罪湯武顧自以為殷之子孫而周人也故不敢然數致意焉曰大哉巍巍乎堯舜也禹吾無間然其不足於湯武也亦明矣曰武盡美矣未盡善也又曰三分天下有其二以服事殷周之德其可謂至德也已矣伯夷叔齊之於武王也蓋謂之弑君

至恥之不食其粟而孔子予之其罪武王也甚矣此
孔氏之家法也世之君子苟自孔氏必守此法國之
存亡民之死生將於是乎在其孰敢不嚴而孟軻始
亂之曰吾聞武王誅獨夫紂未聞弑君也自是學者
以湯武為聖人之正若當然者皆孔氏之罪人也使
當時有良史如董狐者南巢之事必以叛書牧野之
事必以弑書而湯武仁人也必將為法受惡周公作
無逸曰殷王中宗高宗及祖甲及我周文王茲四人
迪哲上不及湯下不及武王亦以是哉文王之時諸
侯不求而自至是以受命稱王行天子之事周之王

不王不討紂之存亡也使文王在必不伐紂紂不見伐而以考終或死於亂殷人立君以事周命爲二王後以祀殷君臣之道豈不兩全也哉武王觀兵於孟津而歸紂若改過否則殷人改立君武王之待殷亦若是而已矣天下無王有聖人者出而天下歸之聖人所不得辭也而以兵取之而放之而殺之可乎漢末大亂豪傑並起荀文若聖人之徒也以爲非曹操莫與定海内故起而佐之所以與操謀者皆王者之事也文若豈教操反者哉以仁義救天下天下既平神器自至將不得已而受之不至不取也此文王之

道文若之心也及操謀九錫則文若死之故吾常以
文若爲聖人之徒者以其才似張子房而道似伯夷
也殺其父封其子其子非人也則可使其子而果人
也則必死之楚人將殺令尹子南子南之子棄疾爲
王馭士王泣而告之既殺子南其徒曰行乎曰吾與
殺吾父行將焉入然則臣王乎曰棄父事讎吾弗忍
也遂縊而死武王親以黄鉞誅紂使武庚受封而不
叛豈復人也哉故武庚之必叛不待智者而後知也
武王之封蓋亦有不得已焉耳殷有天下六百年賢
聖之君六七作紂雖無道其故家遺民未盡滅也三

分天下有其二殷不伐周而周伐之誅其君夷其社稷諸侯必有不悦者故封武庚以慰之此豈武王之意哉故曰武王非聖人也

太史公曰學者皆稱周伐紂居洛邑其實不然武王營之成王使召公卜居九鼎焉而周復都豐鄗至犬戎敗幽王周乃東徙于洛蘇子曰周之失計未有如東遷之繆者也自平王至於亡非有大無道者也頴王之神聖諸侯服享然終以不振則東遷之過也昔武王克商遷九鼎于洛邑成王周公復增營之周公既没蓋君陳畢公更居焉以重王室而已非有意於

遷也周公欲葬成周而成王葬之畢此豈有意於遷
哉今夫富民之家所以遺其子孫者田宅而已不幸
而有敗至於乞假以生可也然終不敢議田宅今平
王舉文武成康之業而大棄之此一敗而鬻田宅者
也夏商之王皆五六百年其先王之德無以過周而
後王之敗亦不減幽厲然至桀紂而後亡其未亡也
天下宗之不如東周之名存而實亡也是何也則不
鬻田宅之效也盤庚之遷也復殷之舊也古公遷于
岐方是時周人如狄人也逐水草而居豈所難哉衛
文公東徙渡河恃齊而存耳齊遷臨菑晉遷于新田

皆其盛時非有所畏也其餘避寇而遷都未有不亡雖不即亡未有能復振者也春秋時楚大饑羣蠻叛之申息之北門不啓楚人謀徙於阪高蔿賈曰不可我能往寇亦能往於是乎以秦人巴人滅庸而楚始大蘇峻之亂晉幾亡矣宗廟宮室盡為灰燼溫嶠欲遷都豫章三吳之豪欲遷會稽將從之矣獨王導不可曰金陵王者之都也王者不以豐儉移都若弘衛文大帛之冠何適而不可不然雖樂土為墟矣且北寇方強一旦示弱竄於蠻越望實皆喪矣乃不果遷而晉復安賢哉導也可謂能定大事矣嗟夫平王之

初周雖不如楚之強顧不愈於東晉之微乎使平王有一王導定不遷之計收豐鄗之遺民而脩文武成康之政以形勢臨東諸侯齊晉雖強未敢貳也而秦何自霸哉魏惠王畏秦遷于大梁楚昭王畏吳遷于鄀頃襄王畏秦遷于陳考烈王畏秦遷于壽春皆不復振有亡徵焉東漢之末董卓劫帝遷于長安漢遂以亡近世李景遷于豫章亦亡故曰周之失計未有如東遷之繆者也

秦始皇帝十八年取韓二十二年取魏二十五年取趙取楚二十六年取燕取齊初并天下蘇子曰秦并

天下非有道也特巧耳非幸也然吾以為巧於取齊
而拙於取楚其不敗於楚者幸也烏乎秦之巧亦創
知伯而已魏韓肘足接而知伯死秦知創知伯而諸
侯終不知師魏韓秦并天下不亦宜乎齊湣王死法
章立君王后佐之秦猶伐齊也法章死王建立六年
而秦攻趙齊楚救之趙乏食請粟於齊而齊不予秦
遂圍邯鄲幾亡趙趙雖未亡而齊之亡形成矣秦人
知之故不加兵於齊者四十餘年夫以法章之才而
秦伐之建之不才而秦不伐何也太史公曰君王后
事秦謹故不被兵夫秦欲并天下耳豈以謹故置齊

也哉吾故曰巧於取齊者所以慰齊之心而解三晉之交也齊秦不兩立秦未甞須臾忘齊也而四十餘年不加兵者豈其情乎齊人不悟而與秦合故秦得以其間取三晉三晉亡齊蓋岌岌矣方是時猶有楚與燕也三國合猶足以拒秦秦大出兵伐楚伐燕而齊不救故二國亡而齊亦虜不閲歲如晉取虞虢也可不謂巧乎二國既滅齊乃發兵守西界不通秦使嗚乎亦晚矣秦初遣李信以二十萬人取楚不克乃使王翦以六十萬攻之蓋空國而戰也使齊有中主具臣知亡之無日而掃境以伐秦以久安之齊而入

厭兵空虛之秦覆秦如反掌也吾故曰拙於取楚然

則栾何曰古之取國者必有數如取齠齒也必以漸

故齒脫而兒不知今秦易楚以為是齠齒也可拔遂

抉其口一拔而取之兒必傷吾指必齧故秦之不亡

者幸也非數也吴為三軍迭出以肆楚三年而入郢

晉之平吴隋之平陳皆是物也惟符堅不然使堅知

出此以百倍之衆為迭出之計雖韓白不能支而况

謝玄牢之之流乎吾以是知二秦之一律也始皇幸

勝而堅不幸耳

秦初并天下丞相綰等言燕齊荆地遠不置王無以

填之請立諸子始皇下其議群臣皆以為便廷尉斯
曰周文武所封子弟同姓甚衆然後屬疏遠相攻擊
如仇讎諸侯更相誅伐天子弗能禁止今海内賴陛
下神靈一統皆為郡縣諸子功臣公賦稅重賞賜之
甚足易制天下無異意則安寧之術也置諸侯不便
始皇曰天下共苦戰鬬不休以有侯王賴宗廟天下
初定又復立國是樹兵也求其寧息豈不難哉廷尉
議是分天下為三十六郡郡置守尉監蘇子曰聖人
不能為時亦不失時時非聖人之所能為也能不失
時而已三代之興諸侯無罪不可奪削因而君之雖

耳葛帝聞子房之言吐哺罵酈生知諸侯之不可復非之者李斯之論與子房何異世特以成敗爲是非非之漢高祖欲立六國後張子房以爲不可世未有非人之私智獨見也所謂不失時者而學士大夫多下亦郡邑置守宰理固當然如冬裘夏葛時之所宜之晨諸侯之禍也非獨李斯始皇知之始皇既并天家世卿者以爲三桓晉六卿齊田氏爲戒也久矣世於七國皆稱王行天子之事然終不封諸侯不立強侯相并齊晉秦楚皆千餘里其勢足以建侯樹屏至欲罷侯置守可得乎此所謂不能爲時者也周衰諸

明矣然卒王韓彭英盧豈獨高帝子房亦與焉故柳
宗元曰封建非聖人意也勢也昔之論封建者曹元
首陸機劉頌及唐太宗時魏徵李伯藥顏師古其後
有劉秩杜佑柳宗元之論出而諸子之論廢矣雖聖
人復起不能易也故吾取其說而附益之曰凡有血
氣必爭爭必以利利莫大於封建封建者爭之端而
亂之始也自書契以來臣弑其君子弑其父父子兄
弟相賊殺有不出於襲封而爭位者乎自三代聖人
以禮樂教化天下至刑措不用然終不能已篡弑之
禍至漢以來君臣父子相賊虐者皆諸侯王子孫其

餘卿大夫不世襲者葢未嘗有也近世無復封建則
此禍幾絶仁人君子忍復開之歟故吾以爲李斯始
皇之言柳宗元之論當爲萬世法也
越既滅吴范蠡以爲句踐爲人長頸鳥喙可與共患
難不可與共逸樂乃以其私徒屬浮海而行至齊以
書遺大夫種曰蜚鳥盡良弓藏狡兎死走狗烹子可
以去矣蘇子曰范蠡獨知相其君而已以吾相蠡蠡
亦鳥喙也夫好貨天下賤士也以蠡之賢豈聚斂積
實者何至耕于海濱父子力作以營千金屢散而復
積此何爲者哉豈非才有餘而道不足故功成名遂

身退而心終不能自放者乎使句踐有大度能始終用蠡蠡亦非清淨無為以老於越者也故曰蠡亦鳥喙也魯仲連既退秦軍平原君欲封連以千金為壽笑曰所貴於天下士者為人排難解紛而無所取也即有取是商賈之事連不忍為也遂去終身不復見逃隱於海上曰吾與富貴而詘於人寧貧賤而輕世肆志焉使范蠡之去如魯連則去聖人不遠矣嗚呼春秋以來用捨進退未有如蠡之全者也而不足於此吾是以累歎而深悲焉蘇子曰子胥種蠡皆人傑而揚雄曲士也欲以區區之學疵瑕此三人者以三

諫不去鞭尸藉館為子胥之罪以不強諫句踐而栖之會稽為種蠡之過雄聞古有三諫當去之説即欲以律天下士豈不陋哉三諫而去為人臣交淺者言也如宫之奇洩冶乃可耳至如子胥吳之宗臣與國存亡者也去將安往哉百諫不聽繼之以死可也孔子去魯未嘗一諫又安用三父不受誅子復讎禮也生則斬首死則鞭尸發其至痛無所擇也是以昔之君子皆哀而恕之雄獨非人子乎至於藉館闔廬與群臣之罪非子胥意也句踐困於會稽乃能用二子若先戰而強諫以死之則雄又當以子胥之罪罪之

矣此皆兒童之見無足論者不忍三子之見誣故為一言

魯定公十三年孔子言於公曰臣無藏甲大夫無百雉之城使仲由為季氏宰將隳三都於是叔孫氏先墮郈季氏將墮費公山不狃叔孫輒率費人襲公公與三子入于季氏之宮孔子命申句須樂頎下伐之費人北二子奔齊遂墮費將墮成公歛處父以成叛公圍成弗克或曰殆哉孔子之為政也亦危而難成矣孔融曰古者王畿千里寰內不封建諸侯曹操疑其論建漸廣遂殺融融特言之耳安能為哉操以為

天子有千里之畿將不利己故殺之不旋踵季氏親逐昭公公死于外從公者皆不敢入雖子家羈亦亡季子之忌克忮害如此雖地勢不及曹氏然君臣相猜蓋不減操也孔子安能以是時墮其名都而出其藏甲也哉考於春秋方是時三桓雖若不悅然莫能違孔子也以為孔子用事於魯得政與民而三桓畏之歟則季桓子之受女樂也孔子能却之矣彼婦之口可以出走是孔子畏季氏季氏不畏孔子也孔子蓋姑修其政刑以俟三桓之隙也哉蘇子曰此孔子之所以聖也蓋田氏六卿不服則齊晉無不亡之道

三桓不臣則魯無可治之理孔子之用於世其政無急於此者矣彼晏嬰者亦知之曰田氏之僭惟禮可以已之在禮家施不及國大夫不收公利齊景公曰善哉吾今而後知禮之可以為國也嬰能知之而莫能為之嬰非不賢也其浩然之氣以直養而無害塞乎天地之間者不及孔孟也孔子以羈旅之臣得政朞月而能舉治世之禮以律亡國之臣墮名都出藏甲而三桓不疑其害己此必有不言而信不怒而威者矣孔子之聖見於行事至此為無疑也嬰之用於齊也久於孔子景公之信其臣也愈於定公而田氏

之既不少衰吾是以知孔子之難也孔子以哀公十六年卒十四年陳恒弑其君孔子沐浴而朝告於哀公請討之吾是以知孔子之欲治列國之君臣使如春秋之法者至於老且死而不忘也或曰孔子知哀公與三子之必不從而以禮告也歟曰否孔子實欲伐齊孔子既告公公曰魯為齊弱久矣子之伐之將若之何對曰陳恒弑其君民之不予者半以魯之衆加齊之半可克也此豈禮告而已哉哀公患三桓之偪常欲以越伐魯而去之夫以蠻夷伐國民不予也臯如出公之事斷可見矣豈若從孔子而伐齊乎若

從孔子而伐齊則凡所以勝齊之道孔子任之有餘矣既克田氏則魯之公室自張三桓不治而自服也此孔子之志也

商鞅用於秦變法定令行之十年秦民大悅道不拾遺山無盜賊家給人足民勇於公戰怯於私鬬秦人富強天下致胙於孝公諸侯畢賀蘇子曰此皆戰國之游士邪說詭論而司馬遷闇於大道取以為史吾常以為遷有大罪二其先黃老後六經退處士進姦雄蓋其小小者耳所謂大罪二則論商鞅桑弘羊之功也自漢以來學者恥言商鞅桑弘羊而世主獨甘

心焉皆陽諱其名而陰用其實甚者則名實皆宗之庶幾其成功此則司馬遷之罪也秦固天下之強國而孝公亦有志之君也修其政刑十年不為聲色畋游之所敗雖微商鞅有不富強乎秦之所以富強者孝公務本立穡之效非鞅流血刻骨之功也而秦之所以見疾於民如豺虎毒藥一夫作難而子孫無遺種則鞅實使之至於桑弘羊斗筲之才穿窬之智無足言者而遷稱之曰不加賦而上用足善乎司馬光之言也曰天下安有此理天地所生財貨百物止有此數不在民則在官譬如雨澤夏澇則秋旱不加賦

而上用足不過設法陰奪民利其害甚於加賦也二子之名在天下者如蛆蠅糞穢也言之則汙口舌書之則汙簡牘二子之術用於世者滅國殘民覆族亡軀者相踵也而世主獨甘心焉何哉樂其言之便己也夫堯舜禹世主之父師也諫臣拂士世主之藥石也恭敬慈儉勤勞憂畏世主之繩約也今使世主日臨父師而親藥石履繩約非其所樂也故為商鞅桑弘羊之術者必先鄙堯笑舜而陋禹也曰所謂賢主專以天下適己而已此世主之所以人人甘心而不悟也世有食鍾乳烏喙而縱酒色以求長年者蓋始

於何晏晏少而富貴故服寒食散以濟其欲無足怪
者彼其所為足以殺身滅族者日相繼也得死於寒
食散豈不幸哉而吾獨何為效之世之服寒食散疽
背嘔血者相踵也用商鞅桑弘羊之術破國亡宗者
皆是也然而終不悟者樂其言之便美而忘其禍之
慘烈也

漢用陳平計間踈楚君臣項羽疑范增與漢有私稍
奪其權增大怒曰天下事大定矣君王自為之願賜
骸骨歸卒伍歸未至彭城疽發背死蘇子曰增之去
善矣不去羽必殺增獨恨其不蚤耳然則當以何事

去增勸羽殺沛公羽不聽終以此失天下當於是去耶曰否增之欲殺沛公人臣之分也羽之不殺猶有君人之度也增曷爲以此去哉易曰知幾其神乎詩曰相彼雨雪先集維霰增之去當於羽殺卿子冠軍時也陳涉之得民也以項燕扶蘇項氏之興也以立楚懷王孫心而諸侯叛之也以弑義帝也且義帝之立增爲謀主矣義帝之存亡豈獨爲楚之盛衰亦增之所與同禍福也未有義帝亡而增獨能久存者也羽之殺卿子冠軍也是弑義帝之兆也其弑義帝則疑增之本心也豈必待陳平哉物必先腐也而後蟲

生之人必先疑也而後讒入之陳平雖智安能間無
疑之主哉吾甞論義帝天下之賢主也獨遣沛公入
關而不遣項羽識卿子冠軍於稠人之中而擢以爲
上將不賢而能如是乎羽旣矯殺卿子冠軍義帝必
不能堪非羽弑帝則帝殺羽不待智者而後知也增
始勸項梁立義帝諸侯以此服從中道而弑之非增
之意也夫豈獨非其意將必力爭而不聽也不用其
言而殺其所立羽之疑增必自是始矣方羽殺卿子
冠軍增與羽比肩而事義帝君臣之分未定也爲增
計者力能誅羽則誅之不能則去之豈不毅然大丈

夫也哉增年已七十合則留不合則去不以此時明去就之分而欲依羽以成功陋矣雖然增高帝之所畏也增不去項羽不亡嗚乎增亦人傑也哉

春秋之末至于戰國諸侯卿相皆爭養士自謀夫說客談天雕龍堅白同異之說下至擊劍扛鼎雞鳴狗盜之徒莫不賓禮靡衣玉食以館于上者何可勝數越王句踐有君子六千人魏無忌齊田文趙勝黃歇呂不韋皆有客三千人而田文招致任俠姦人六萬家於薛齊稷下談者亦千人魏文侯燕昭王太子丹皆致客無數下至秦漢之間張耳陳餘號多士賓客

厮養皆天下豪俊而田横亦有士五百人其略見於傳記者如此度其餘當倍官吏而半農夫也此皆姦民蠹國者民何以支而國何以堪乎蘇子曰此先王之所不能免也國之有姦也猶鳥獸之有鷙猛昆蟲之有毒螫也區處條理使各安其處則有之矣鋤而盡去之則無是道也吾考之世變知六國之所以久存而秦之所以速亡者蓋出於此不可以不察也夫智勇辯力此四者皆天民之秀傑者也類不能惡衣食以養人皆役人以自養者也故先王分天下之富貴於此四者共之此四者不失職則民靖矣四者雖

異先王因俗設法使出于一三代以上出於學戰國至秦出於客漢以後出於郡縣吏魏晉以來出於九品中正隋唐至今出於科舉雖不盡然取其多者論之六國之君虐用其民不減始皇二世然當是時百姓無一人叛者以凡民之秀傑者多以客養之不失職也其力耕以奉上皆椎魯無能為者雖欲怨叛而莫為之先此其所以少安而不即亡也始皇初欲逐客用李斯之言而止既并天下則以客為無用於是任法而不任人謂民可以恃法而治謂吏不必才取能守吾法而已故墮名城殺豪傑民之秀異者散而

歸田畝向之食於四公子呂不韋之徒者皆安歸哉不知其能槁項黃馘以老死於布褐乎抑將輟耕太息以俟時也秦之亂雖成於二世然使始皇知畏此四人者有以處之使不失職秦之亡不至若是速也縱百萬虎狼於山林而飢渴之不知其將噬人世以始皇為智吾不信也楚漢之禍生民盡矣豪傑宜無幾而代相陳豨從車千乘蕭曹為政莫之禁也至文景武之世法令至密然吳濞淮南梁王魏其武安之流皆爭致賓客世主不問也豈懲秦之禍以為爵禄不能盡縻天下士故少寬之使得或出於此也耶若

夫先王之政則不然曰君子學道則愛人小人學道則易使也烏乎此豈秦漢之所及也哉

秦始皇帝時趙高有罪蒙毅案之當死始皇赦而用之長子扶蘇好直諫上怒使北監蒙恬兵於上郡始皇東游會稽並海走琅邪少子胡亥李斯蒙毅趙高從道病使蒙毅還禱山川未反而上崩李斯趙高矯詔立胡亥殺扶蘇蒙恬蒙毅卒以亡秦蘇子曰始皇制天下輕重之勢使内外相形以禁姦備亂者可謂密矣蒙恬將三十萬人威振北方扶蘇監其軍而蒙毅侍帷幄為謀臣雖有大姦賊敢睥睨其間哉不幸

道病禱祠山川尚有人也而遣蒙毅故高斯得成其
謀始皇之遺毅毅見始皇病太子未立而去左右皆
不可以言智然天之亡人國其𠩄敗必出於智所不
及聖人為天下不恃智以防亂恃吾無致亂之道耳
始皇致亂之道在用趙高夫閹尹之禍如毒藥猛獸
未有不裂肝碎首者也自書契以來惟東漢吕强後
唐張承業二人號稱善良豈可望一二於千萬以徼
必亡之𠩄哉然世主皆甘心而不悔如漢桓靈唐肅
代猶不足深怪始皇漢宣皆英主亦湛於趙高恭顯
之𠩄彼自以為聰明人傑也奴僕薰腐之餘何能為

及其亡國亂朝乃與庸主不異吾故表而出之以戒後世人主如始皇漢宣者或曰李斯佐始皇定天下不可謂不智扶蘇親始皇子秦人戴之久矣陳勝假其名猶足以亂天下而蒙恬持重兵在外使二人不即受誅而復請之則斯高無遺類矣以斯之智而不慮此何哉蘇子曰烏乎秦之失道有自來矣豈獨始皇之罪自商鞅變法以殊死為輕典以參夷為常法人臣狼顧脅息以得死為幸何暇復請方其法之行也求無不獲禁無不止鞅自以為軼堯舜而駕湯武矣及其出亡而無所舍然後知為法之弊夫豈獨鞅

悔之秦亦悔之矣荆軻之變持兵者熟視始皇環柱而走莫之救者以秦法重故也李斯之立胡亥不復忌二人者知威令之素行而臣子不敢復請也二人之不敢請亦知始皇之鷙悍而不可回也豈料其僞也哉周公曰平易近民民必歸之孔子曰有一言而可以終身行之其恕矣乎夫以忠恕爲心而以平易爲政則上易知而下易達雖有賣國之姦無所投其隙倉卒之變無自發焉然其令行禁止蓋有不及商鞅者矣而聖人終不以彼易此商鞅立信於徙木立威於棄灰刑其親戚師傅積威信之極以及始皇秦

人視其君如雷霆鬼神不可測也古者公族有罪三宥然後制刑今至使人矯殺其太子而不忌太子亦不敢請則威信之過也故夫以法毒天下者未有不反中其身及其子孫者也漢武與始皇皆果於殺者也故其子如扶蘇之仁則寧死而不請如戾太子之悍則寧反而不訴知訴之必不察也戾太子豈欲反者哉計出於無聊也故爲二君之子者有死與反而已李斯之智蓋足以知扶蘇之必不反也吾又表而出之以戒後世人主之果於殺者

魯隱公元年不書即位攝也公子翬請殺桓公公曰

為其少故也吾將授之矣使營菟裘吾將老焉翬懼反譖公於桓而使賊殺公歐陽子曰隱公非攝也使隱而果攝也則春秋不書為公春秋書為公則隱非攝無疑也蘇子曰非也春秋信史也隱攝而桓弑著於史也詳矣周公攝而克復子者也以周公薨故不稱王隱公攝而不克復子者也以魯公薨故稱公史有謚國有廟春秋獨得不稱公乎然則隱公之攝也禮與曰禮也何自聞之曰聞之孔子曾子問曰君薨而世子生如之何孔子曰卿大夫士從攝主北面於西階南何謂攝主曰古者天子諸侯卿大夫之世子

未生而死則其弟若兄弟之子次當立者爲攝主子
生而女也則攝主立男也則攝主退此之謂攝主古
之人有爲之者季康子是也季桓子且死命其臣正
常曰南孺子之子男也則以告而立之女也則肥也
可桓子卒康子即位既葬康子在朝南氏生男正常
載以如朝告曰夫子有遺言命其圉臣曰南氏生男
則以告於君與大夫而立之今生矣男也敢告康子
請退康子之謂攝主古之道也孔子行之自秦漢以
來不脩是禮也而以母后攝孔子曰惟女子與小人
爲難養也使與聞外事且不可牝雞之晨惟家之索

三代之禮孔子之學決不以天下付異姓之攝
令則以禮設家宰若太子未生主而弱未能君也則
安用攝主曰非此之謂也嗣天子長矣宅憂而未出
異姓之取哉或曰君薨百官總己以聽于冢宰三年
不可信則攝主取之猶吾先君之子孫也不猶愈於
之庶幾乎使毋后而可信也攝主亦可信也若均之
勝其亂王莽楊堅因以易姓由此觀之豈若攝主不
鄧不能無譏而漢呂后魏胡后唐武氏之流蓋不
之君王后吾宋之曹高向也蓋亦千一矣自東漢馬
而況可使攝位而歸天下乎女子為政而國安惟齊

主也夫豈非禮而周公行之歟故隱公亦攝主也鄭
玄儒之陋者也其傳攝主也曰上卿代君聽政者也
使子生而女則上卿豈繼世者乎蘇子曰攝主先王
之令典孔子之法言也而世不知習見母后之攝也
而以為當然故吾不可不論以待後世之君子
公子翬請殺桓公以求太宰隱公曰為其少故也吾
將授之矣使營菟裘吾將老焉翬懼反譖公於桓公
而弑之蘇子曰盜以兵擬人人必殺之夫豈獨其所
擬塗之人皆捕擊之矣塗之人與盜非仇也以為不
擊則盜且并殺己也隱公之智曾不若是塗人也哀

哉隱公惠公繼室之子也其為非嫡與桓均耳而長於桓隱公追先君之志而授國焉可不謂仁人乎惜乎其不敏於智也使隱公誅翬而讓桓雖夷齊何以尚茲驪姬欲殺申生而難里克則施優來之二世欲殺扶蘇而難李斯則趙高來之此二人之智若出一人而其受禍亦不少異里克不免於惠公之誅李斯不免於二世之虐皆無足哀者吾獨表而出之為世戒君子之為仁義也非有計於利害然君子之所為義利常兼而小人反是李斯聽趙高之謀非其本意獨畏蒙氏之奪其位故勉而聽高使斯聞高之言即

召百官陳六師而斬之其德於扶蘇豈有既乎何蒙氏之足憂釋此不為而具五刑於市非下愚而何嗚乎亂臣賊子猶蝮蛇也其所螫草木猶足以殺人況其所噬齧者歟鄭小同為高貴鄉公侍中嘗詣司馬師師有密疏未屏也如廁還問小同見吾疏乎曰不見師曰寍我負卿無卿負我遂酖之王允之從王敦夜飲辭醉先寢敦與錢鳳謀逆允之已醒悉聞其言慮敦疑己遂大吐衣面皆汙敦果照視之見允之卧吐中乃已哀哉小同殆哉岌岌乎允之也孔子曰危邦不入亂邦不居有以也夫吾讀史得魯隱公晉里

克秦李斯鄭小同王允之五人感其所遇𣪘福如此故特書其事後有君子可以覽觀焉

鄭太子華言於齊桓公請去三族而以鄭為内臣公將許之管仲不可公曰諸侯有討於鄭未捷苟有釁從之不亦可乎管仲曰君若綏之以德加之以訓辭而率諸侯以討鄭鄭將覆亡之不暇豈敢不懼若揔其罪人以臨之鄭有辭矣公辭子華鄭伯乃受盟蘇子曰大哉管仲之相桓公也辭子華之請而不違曹沬之盟皆盛德之事也齊可以王矣恨其不學道不自誠意正身以刑其國使家有三歸之病而國有六

嬖之禍故桓公不王而孔子小之然其予之也亦至矣曰桓公九合諸侯不以兵車管仲之力也如其仁如其仁曰仲尼之徒無道桓文之事者孟子蓋過矣吾讀春秋以下史而得七人焉皆盛德之事可以為萬世法又得八人焉皆反是可以為萬世戒故具論之太公之治齊也舉賢而上功周公曰後世必有篡殺之臣天下誦之齊其知之矣田敬仲之始生也周史筮之其奔齊也齊懿氏卜之皆知其當有齊國也篡弒之疑蓋萃於敬仲矣然桓公管仲不是廢之乃欲以為卿非盛德能如此乎故吾以謂楚成王知晉

之必霸而不殺重耳漢高祖知東南之必亂而不殺吳王濞晉武帝聞齊王攸之言而不殺劉元海符堅信王猛而不殺慕容垂唐明皇用張九齡而不殺安祿山皆盛德之事也而世之論者則以為此七人者皆失於不殺以啓亂吾以謂不然七人者皆自有以致敗亡非不殺之過也齊景公不繁刑重賦雖有田氏齊不可取楚成王不用子玉雖有晉文公兵不敗漢景帝不害吳太子不用晁錯雖有吳王濞無自發晉武帝不立孝惠雖有劉元海不能亂符堅不貪江左雖有慕容垂不能叛明皇不用李林甫楊國忠雖

有安禄山亦何能為秦之由余漢之金日磾唐之李
光弼渾瑊之流皆蕃種也何負於中國哉而獨殺元
海禄山乎且夫自今而言之則元海禄山死有餘罪
自當時而言之則不免為殺無罪豈有天子殺無罪
而不得罪於天者上失其道塗之人皆敵國也天下
豪傑其可勝既乎漢景帝以鞅鞅而殺周亞夫曹操
以名重而殺孔融晉文帝以卧龍而殺嵇康晉景帝
亦以名重而殺夏侯玄宋明帝以族大而殺王彧齊
後主以謠言而殺斛律光唐太宗以讖而殺李君羡
武后以謠言而殺裴炎世皆以為非也此八人者當

時之慮豈非憂國備亂與憂元海祿山者同乎久矣世之以成敗為是非也故夫嗜殺人者必以鄧侯不殺楚子為口實以鄧之微無故殺大國之君使楚人舉國而仇之其亡不愈速乎吾以謂為天下如養生憂國備亂如服藥養生者不過慎起居飲食節聲色而已節慎在未病之前而服藥在已病之後今吾憂寒病而先服烏喙憂熱病而先服甘遂則病未作而藥殺人矣彼八人者未病而服藥者也

東坡後集卷第十一